전쟁 그리고 패션 II
메디치 컬러의 용병들

전쟁 그리고 패션 II
메디치 컬러의 용병들

남보람 지음

● 들어가며

　전쟁은 느리다. 현대의 우리는 훈련, 뉴스, 드라마, 영화를 통해 고배속의 전쟁을 경험하기 때문에 전쟁의 모든 과정이 굉장히 빠르게 진행되는 것으로 착각한다. 그러나 전쟁의 발발, 경과, 종결 및 전후처리는 답답할 정도로 느리다. 당대 전장 속 인물들은 자신 앞에 놓였던 사건 외에는 정작 무슨 일이 있었는지 잘 모르는 경우가 많다. 느리게 움직이는 것들은 알아채기 힘들다.

　전쟁은 파편적이다. 당대 전장에 있던 총사령관조차 전장의 일각만을 어렴풋이 느낄 뿐이다. 사후적으로 자료를 수집하여 전쟁을 재구성하는 역사가나 수 세대가 지난 후 그것을 읽는 독자는 흔히 자신이 전장을 조망하고 있다고 착각한다. 그건 어디까지나 착각이다. 후세인들이 알고 있는 전쟁은 조악한 홀로그램보다 못한 경우가 많다.

　오늘날 우리가 '전쟁을 알고 있다'는 것은 굉장히 한정된 시공간 속 특정 사건의 어느 한 면을 보거나 들었다는 뜻이다. 예를 들어 제2차 세계대전이 '1939년 9월 1일 나치 독일군이 폴란드 서쪽 국경을 침공함으로써 시작되었다'고 기술할 때 우리는 저 문장 속 무엇을 알고 있는가? 아는 것이 거의 없다. 1939년에 서유럽에 무슨 일이 있었는가? 나치 독일군의 정의는 무엇이며 그 군사력은 어느 정도였는가? 폴란드 서쪽 국경에는 어떤 부대들이 방어하고 있었는가? 나치 독일군과 폴란드군 사이에 어떤 격돌이 있었는가?

　우리는 느린 전쟁을 고배속으로 돌려 전체 기간을 망라하는 지식을 얻고 싶어 한다. 전쟁의 파편적 속성을 무시하고 전체로써의 어떤 전망 같은 것을 갖고 싶어 한다. 존재하지 않는 것을 어찌 얻을 것이며 흩어져 있는 것을 어찌 손에 잡힐 듯 이해하겠는가.

    전쟁을 시간이나 공간의 차원에서 이해하는 것은 매우 어렵다. 아주 소수의 역사가나 전쟁사가만이 그 시공간을 어렴풋이 인지한다. 그런데 시간과 공간이 전쟁을 인지하는 유일한 방법은 아니다. 감각과 욕망을 통해서도 전쟁을 인지할 수 있다. 미술과 음악이 대표적이다. 우리는 피카소의 《게르니카》를 통해 파시즘으로 물든 1937년 유럽의 절망과 시민들의 머리 위로 떨어지던 폭격의 굉음을 느낄 수 있다. 쇼스타코비치의 교향곡 제13번 《바비 야르》를 통해서 1941년 동부전선의 움직임과 전쟁의 잔혹함을 미루어 짐작할 수 있다.

    이 책은 패션에 관한 것이다. 패션을 통해서도 전쟁을 느끼고 짐작할 수 있다. 1960년대 영국의 모드족들이 왜 미군용 파카를 입고 런던 시내를 누볐는지, 1980년대 미국의 브레이크 댄서들이 왜 공군 조종복을 입고 춤을 추기 시작했는지 따라가다 보면 명료하지는 않아도 전쟁과 이 세상에 관한 무언가가 어렴풋이 느껴진다. 나는 전쟁 속 사건의 연대를 기계적으로 외우는 것보다 차라리 우리에게 익숙한 패션 같은 소재를 통해 전쟁의 무언가를 어렴풋이 느끼는 쪽이 더 나은 역사공부라고 생각한다. 이 책은 그런 생각으로 썼다.

● 차례

들어가며   4

01. 점퍼 Jumper   9
02. 낙하산 바지 Parachute Pants   17
03. 판초 Poncho 우의   26
04. 야전 재킷 Field Jacket   37
05. 사파리 재킷 Safari Jacket   46
06. 테일 코트 Tailcoat   56
07. 색코트 Sack Coat   68
08. 가드 코트 Guard's Coat   77
09. 파카 Parka   86
10. 만다린 칼라 Mandarin Collar   93
11. 란츠크네히트 Landsknechts   105
12. 멜빵바지 Bib-and-Brace   122
13. 추카 부츠 Chukka Boots   133

14. 티셔츠 T-Shirt	144
15. 킬트 Kilt	161
16. 덩거리 Dungaree	179
17. 발라클라바 마스크 Balaclava Mask	200
18. 브로디 헬멧 Brodie Helmet	212
19. 브로그와 옥스퍼드 Brogues & Oxfords	224
20. 위장 Camouflage	239
21. 힙 플라스크 Hip Flask	253
22. 정글 모 Jungle Hat	262
23. 레드 코트 Red Coat	274
24. 겨울 털모자 Winter Pile Cap	292
25. 군용 양말, 모 양말 Military Wool Socks	307
사진출처	319

점퍼 Jumper

'점퍼'가 '잠바'가 되기까지

잠바는 잔빠에서 온 것

　우리가 '잠바'라고 부르는 옷이 있다. 점퍼 jumper의 일본식 표현 잔빠 ジャンパー에서 온 것이다. 일본은 왜 점퍼를 잔빠라고 불렀을까. 일본에서는 영어의 'ㅓ' 발음을 'ㅏ'로 바꾸는 경향이 있다. 데님 denim 소재 작업복 덩거리 dungaree를 당가리 ダンガリ라고 부르는 것처럼 말이다. 또한 먼저 들어온 상의 겉옷인 자케또 ジャケット; jacket의 '자'와 운을 맞추려는 의도도 있었다. 이는 잔빠 뒤에 들어온 더플코트 duffle coat를 돗빠 トッパ라고 불러 '빠'로 운율을 맞추려 했던 것과 같은 이치다.

구분	jacket	jumper	duffle
영어발음	재킷	점퍼	더플
일어발음	자케또	자ㄴ빠	돗빠

재킷, 점퍼, 더플의 일본어 발음 비교

점퍼의 유래

옷의 종류인 점퍼의 어원은 'jump'와 별 상관이 없다. 헐렁한 겉옷을 뜻하는 아랍어 'jubba'가 프랑스어 'juppe'로, 영어로 와서는 'jumper'가 된 것이다.

1) 골프 점퍼, 테니스 점퍼

그런데 이 점퍼도 여러 종류가 있다. 첫 번째는 운동할 때 입는 뜨개질한 겉옷을 점퍼라고 한다. 스웨터와 동의어다. 이런 점퍼에는 골프 점퍼와 테니스 점퍼가 있다.

골퍼 점퍼는 다양한 색의 복잡한 문양이 들어간 니트웨어다. 목 부위가 넓고 품이 넉넉한 것이 특징이다. 어부들이 입던 겨울철 겉옷을 1920년대 패션 리더인 윈저 공(스스로 퇴임한 전 에드워드 8세)이 재해석한 것이다. 그는 오른쪽과 같은 스타일로 골프를 즐겼고 이 차림새는 곧 대유행이 됐다.

테니스 점퍼는 흰색 혹은 아이보리색 바탕에 브이넥으로 마무리 된 니트웨어다. 통상 목이나 팔소매를 따라 적·청의 줄무늬 장식을 넣는다. 우리가 '꽈배기 니트'라고 부르는 케이블 패턴 cable pattern을 테니스 점퍼 구성 요소로 보는 이도 있다.

골프 점퍼를 입은 윈저 공의 초상화

좌_ 19세기 영국 어부들이 입던 겨울철 겉옷. 여기에서 윈저 공이 골프점퍼를 착안했다. 우_ 골프 점퍼는 영국에서 큰 유행이 됐다.

점퍼 Jumper

1920년대 테니스 점퍼를 입은 영국인의 모습

테니스 점퍼를 입은 테니스 선수 비외른 보리Bjorn Borg와 아서 애쉬Arthur Ashe

2) 점퍼 드레스

두 번째는 점퍼 드레스 jumper dress이다. 운동할 때 입는 스웨터 개념의 점퍼와는 완전히 다른 옷이다. 점퍼 드레스는 소매와 칼라 없는 헐렁한 원피스 치마다. 블라우스나 티셔츠 위에 입는 치마이며 속에 바지나 레깅스를 입기도 한다. 이런 종류의 치마는 점퍼 드레스와 여름용 원피스인 선-드레스 sundrss로 대별된다.

점퍼 드레스를 크게 유행시킨 것은 프랑스 디자이너 장 파투 Jean Patou였다. 장 파투는 1920년대부터 심미성과 실용성을 모두 갖춘 '디자이너 기성복'을 연달아 내놓았는데 그중 하나가 아래와 같은 점퍼 드레스였다.

장 파투가 1960년대에 디자인한 점퍼 드레스

장 파투가 1970년대에 디자인한 점퍼 드레스   1960년대에 유행한 다양한 점퍼 드레스

3) 크리스마스 점퍼

'점퍼'라는 명칭이 붙는 옷 중 가장 특이한 것은 아마도 크리스마스 점퍼 아닐까. 크리스마스에 입는 두껍고 알록달록한 니트웨어다. 영국의 경우 1천2백만 명이 크리스마스 점퍼를 입고 연말연시를 보내는 것으로 알려져 있다. '크리스마스 점퍼의 날'도 있는데 통상 12월 둘째 주 금요일로 하며, 크리스마스 점퍼를 입고 각종 기부 행사에 참가한다.

'어린이 돕기 재단'에서 판매하는 크리스마스 점퍼. 수익금은 불우한 어린이를 위해 쓴다.

일본의 잔빠는 서구의 점퍼와 다른 의미

지금까지 점퍼가 잔빠를 거쳐 잠바가 된 유래, 다양한 종류의 점퍼를 살펴봤다. 그런데 오늘날 서양의 '점퍼'와 일본의 '잔빠'는 뜻이 상당히 다르다. 일본에서 잔빠는 헐렁한 겉옷의 통칭이다. 운동선수가 입는 스웨터, 후드 달린 파카 parka, 상의 겉옷인 재킷 등을 다양하게 이르는 용어이다.

일본의 잔빠를 가져다가 '잠바'라고 부른 한국에서는 그 뜻이 사뭇 달라진다. 어느 순간부터 비하의 뜻을 가진 접미사 '때기'가 붙으면서 돈 없어서 기워 입는 외투, 일할 때 막 입을 수 있는 겉옷의 이미지가 된 것이다. 어른들은 "잠바때기 같은 거 걸치고 다니지 말고 제대로 된 거 입어"라고 말했다. 이렇게 접미사까지 붙여서 '잠바때기'라고 비하했던 이유는 무엇이었을까. 유래를 찾아보니 이렇다.

일제 강점기 직후, 한국 대도시 양장점들이 대거 문을 닫았다. 각 가정에서는 당장 옷을 사 입을 곳이 없었다. 수선할 방법도 마땅치 않았다. 원단 공장도 문을 닫은 상황이라 천을 구할 수 없었기 때문이다. 어쩔 수 없이 다른 옷에서 잘라낸 천을 덧붙여 외투 등을 고쳐 입었다. 이런 옷을 '잠바'라고 불렀다. 1947년 12월 7일《경향신문》의 한 기사에 당시 잠바에 대한 인식이 잘 드러난다.

"외투로 '잠바'를 만드렀다가 '쓰봉'에다가 헌 조끼들을 덧부치어 웃지고리 하나를 만드렀다가 (중략) '이거야 참하 어떻게 입으시오'하며 안해까지 입기를 주저하는 (중략) 옷을 입고 나오니 그래도 명색이 옷이라 우선 살은 가리나"

고쳐놓앗지만 입기를 주저하게 되고, 입게 되면 '그래도 살은 가려주는구나'하고 입는 옷이 잠바였던 것이다. 잠바를 한층 더 비하하는 표현인 '잠바때기'가 방송이나 언론에 처음 등장한 것은 아마도 《동아일보》 1994년 2월 6일 자일 것이다. 인기리에 연재하던 〈남산의 부장들〉에서 한 등장인물이 "잠바때기를 입고 봉사활동 한다고 열심히 뛰어다니는데"라고 말한다. 이 인물은 군 출신인데 그가 '잠바때기'라고 한 것이 다름 아닌 군대에서 장교들이 입던 '항공 잠바'이다.

'항공 잠바'란 용어도 일본에서 왔다. 공군이 입는 바머 재킷 bomber jacket 혹은 플라이트 재킷 flight jacket을 일본에서는 코쿠 잔빠 航空ジャンパー라고 불렀는데, 이를 그대로 옮겨 '항공 잠바'라고 부른 것이다.

요즘에는 '잠바'가 일본에서 온 단어인 것을 의식해서인지 '항공 점퍼'라고 쓰기도 하는데 그러면 용어의 원래 뜻, 유래가 한 번 더 뒤틀어진다. 제대로 부르려면 바머 재킷, 플라이트 재킷으로 쓰고 읽거나, 그냥 일본에서 가져온 대로 '항공 잠바'라고 하는 게 낫다.

일본 사이트에서 '코쿠 잔빠'로 검색하면 나오는 이미지들

낙하산 바지 Parachute Pants

뜬금없는 유행, 낙하산 바지

초기 브레이크 댄서들의 기능성 패션

1984년 갑자기 청소년들이 하체에 꽉 끼는 '번들번들한' 바지를 입고 거리를 누볐다. 번들번들한 것은 바지의 소재가 나일론이었기 때문이다. 소재의 특성 때문인지 이 바지는 '낙하산 바지 parachute pants'라고 불렸다.

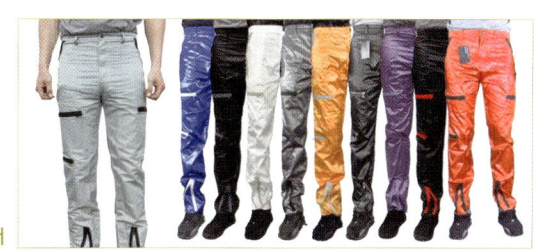

낙하산 바지 판매 광고 사진 중에서

이 바지의 연원을 따라가 보면 브레이크 댄서가 등장한다. 초기 브레이크 댄서들은 아래 그림에서처럼 상-하의가 하나로 붙은 오버-올 점프 수트 overall jump suit를 입고 춤을 추었다. 질기고 매끈매끈한 나일론 재질을 사용한 점프 수트는 바닥을 돌고 굴러야 하는 브레이크 댄스용 옷으로 '딱'이었다.

브레이크 댄서들은 점차 오버-올 점프 수트를 개조해 입었다. 처음엔 붙어 있던 상-하의를 나누었다. 바닥에서 돌고 미끄러지려면 하의는 번들번들한 나일론 재질인 편이 나았다. 상의는 땀을 잘 흡수하는 다른 재질의 것을 입는 게 편했다.

좌_ 붉은 색의 오버-올 점프 수트를 입은 브레이크 댄서들
우_ 브레이크 댄서들은 오버-올 점프 수트를 개조해서 입기 시작했다. 사진은 상-하의를 나눈 모습

버글 보이의 카운트다운

인기의 낌새를 눈치 채고 버글 보이 Bugle Boy라는 곳에서 1984년부터 낙하산 바지를 만들어 팔았다. 카운트다운 Countdown이라는 상품명을 붙여 자글자글 주름 잡힌 나일론 바지를 내놓았는데 이곳저곳에 플라스틱 지퍼를 단 것이 특징이었다. 이것이 대히트를 했다.

미국 십대들은 낙하산 바지에 열광했다. 유행은 2년 동안 확 불타올랐다. 1984년과 1985년, 이른바 '옷 좀 잘 입는다'는 청소년은 모두 이 바지를 하나씩 갖고 있었다고 기록되어 있다. 해외 구제 옷 쇼핑몰에서 '낙하산 바지'로 검색해보면 "난 이걸 세 벌이나 가지고 있었지. 진짜로" 혹은 "나도 이거 있었어. 지금 생각해보면 도대체 왜 입었는지 모르겠네"와 같은 댓글을 볼 수 있다.

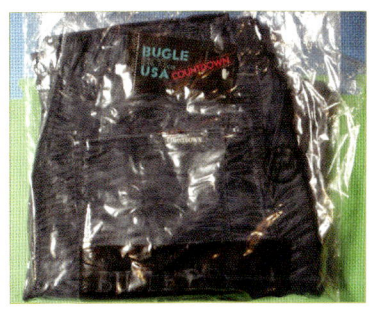

좌_ 버글 보이가 내놓은 낙하산 바지, '카운트다운'
우_ 낙하산 바지를 입은 십대 소년의 모습

낙하산 바지의 변화

낙하산 바지를 기억하는 이들은 이 바지가 짧은 유행 끝에 사라졌다고 생각한다. 하지만 낙하산 바지는 1980년대 후반에 두 가지 계열로 나뉘었고 이들은 각각 지금도 패션 매장에서 볼 수 있다. 하나는 장식을 없애고 외양을 단순화한 힙합 댄스 바지, 다른 하나는 바지통을 넓혀 독특한 개성을 추구한 브레이크 댄스 바지이다.

아래의 사진이 힙합 댄스 바지이다. 지퍼 등의 장식을 없앤, '댄스'에 최적화된 옷이다. 재질은 폴리에스테르나 나일론 혼방을 써 내구성과 신축성을 극대화했다.

힙합 댄스 바지

Shiny Countdown Parachute Pants 80s Nylon Wet Look
$78.95 Buy It Now

Nylon Parachute Pants 80s Men's Vintage Shiny & Tight Various
$19.95 to $69.95 Buy It Now

Bruno Shiny Nylon Wet Look Wind Track/Pants/Bottom 3-Stripe
$54.95 Buy It Now
10+ Watching

Countdown Shiny Nylon 5-Button Jeans/Pants/Trousers Wet Look
$49.95 Buy It Now

Panno D'Or Shiny Nylon Parachute Pants 80s Nylon Wet
$74.95 Buy It Now

Classic Countdown Parachute Pants 80s Nylon Wet Look
$69.95 Buy It Now

인터넷 쇼핑몰의 화면을 캡처한 모습. "1980년대 구제 낙하산 바지 판매"라고 씌어 있다.

　위의 사진은 브레이크 댄스 바지이다. '부가루 Boogaloo 브레이크 댄스'라는 독특한 장르에서 왔다. 부가루는 뉴욕의 흑인들이 라틴 음악에 브레이크 댄스를 결합한 독특한 장르이다. 부가루 브레이크 댄서들은 낙하산 바지와 라틴 댄서가 입는 통 넓은 바지의 특성을 결합했다. 대신 격렬한 움직임을 견딜 수 있도록 허리에 고무줄을 넣고 바짓단은 좁게 묶거나 양말 속에 넣었다.
　낙하산 바지는 그야말로 '하늘에서 뚝 떨어진 것처럼' 거리에 나타났다가 사라졌다. 이 낙하산 바지는 도대체 어디에서 나온 것이었을까.

낙하산 바지의 유래는 공군 조종복

낙하산 바지의 유래를 추적하다보면 공군의 조종복 flight suit이 나온다. 영화《탑 건 Top Gun》에서 주인공 탐 크루즈가 입고 나왔던 바로 그 옷이다. 공군 조종복은 상-하의가 하나로 되어 있으며 비행기와 헬기의 조종사, 승무원들이 착용한다.

공군 조종복을 입고 있는 영화 속의 탐 크루즈

조종복의 상-하의를 붙인 것은 방한과 방풍을 위해서였다. 제1차 세계대전 당시 호주의 공군 조종사이자 발명가였던 프레드릭 시드니 코튼 Frederick Sidney Cotton이 개발했다. 그의 이름 일부를 따서 공군 조종복을 '시드-코트 Sid-cot'라고 부르기도 한다. 배경을 모르는 사람은 '왜 조종복을 코트 coat라고 부르지?'하고 의아해 할 수도 있겠다.

아래의 사진이 시드-코트의 초기 형태이다. 외피는 가죽으로 만들다가 점차 보온성 높은 새로운 소재로 교체됐다.

상_ 호주 공군 조종복. 좌측은 1930년대, 우측은 제1차 세계대전기의 것이다.
하_ 제1차 세계대전 당시 조종복. 일명 '시드 코트'를 입은 호주 공군 조종사와 탑승원

공군 조종복을 입고 춤을 춘 브레이크 댄서들

아래 사진은 1960, 1970년대 미 공군 조종복과 1980년대 초 브레이크 댄서들이 입고 나온 옷이다. 한눈에 보기에도 디자인, 재질은 물론 주머니의 방향, 지퍼 사용 등의 디테일까지 흡사하다는 것을 알 수 있다. 브레이크 댄서들이 미 공군 조종복을 구해서 개선해 입었거나 그와 유사하게 제작한 것이라고 추측할 수 있다.

브레이크 댄서들이 처음 공군 조종복을 선택한 이유에 대해서는 '질기고 매끈매끈하니 춤추기에 적당하여 선택했다'는 것이 중론이다. 하지만 다른 추측도 해볼 수 있지 않을까. 하늘을 날며 곡예 하는 조종사처럼, 플로어 위에서 아크로바틱한 춤으로 자신을 자유롭게 표현하고 싶었던 것은 아닐지. 실제로 초기 브레이크 댄스를 다룬 단편 영화 《파일럿 The Pilot》을 보면, 주인공이 주황색 해군항공 조종복을 입고 나와 거리에서 춤을 춘다.

좌_ 해군항공의 조종복(좌)과 공군의 조종복(우)
우_ 1980년대 초 브레이크 댄서들이 입었던 복장

영화《파일럿》의 한 장면

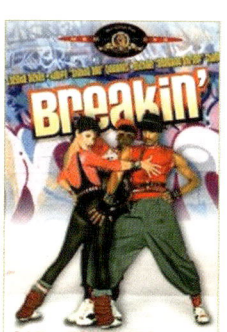

브레이크 댄스 바지

낙하산 바지 Parachute Pants

03
판초 Poncho 우의

입고 덮고 씌우고 깔 수도 있는!

군 병사용 판초 우의는 남미에서 왔다

군 병사용 우의를 '판초 Poncho 우의'라고 부른다. 우선 '판초'가 무엇인지부터 알아보자.

판초는 남미 칠레 원주민 아라우칸족의 말로 '양털로 만든 천'이란 뜻이다. 기원 전 500년경, 원주민들은 양털로 만든 천을 입고 깔고 덮었다. 판초는 옷이요 담요요 보자기였던 셈이다. 따뜻하고 유용했기 때문에 남미 전역으로 퍼졌다. 남미에선 지금도 판초를 다양한 용도로 사용하고 있다.

판초는 지역에 따라 조금씩 다르게 부르는데, 문화적 특색에 맞게 디자인도 조금씩 변용되었다. 판초는 콜롬비아에 가서는 '루아나 ruana'가 됐다(① 참조). 루아나는 두꺼운 양모 직물로 만들며 목 부위는 삼각목둘

① 상점에서 루아나를 입어 보이고 있다.

레(브이넥)로 되어 있다.

    브라질에 가서는 '팔라 pala'가 됐다(② 참조). 팔라는 포르투갈어로 '테두리 없는 천'을 의미한다. 무늬가 들어간 천을 앞뒤로 길게 입는 것이 특색이다.

    멕시코에서는 '사라뻬 sarape' 혹은 '호롱고 jorongo'가 됐다(③ 참조). 사라뻬는 원래 검은색과 붉은색을 섞은 기하학적 무늬로 길게 짠 천을 구멍 내지 않고 상체에 걸치는 형태였다. 그러다가 밝고 화려한 여러 색상으로 직조한 천을 사용하게 되었고 이것이 사라뻬의 특징처럼 되었다.

    칠레 중부에서는 '차망또 cha-manto'가 됐다(④ 참조). 말 그대로 '망또'라는 뜻이다. 'cha'는 여성 명사이고 'manto'는 소매 없는 외투이다. 칠레 고유의 전통 문양이 화려하게 들어가 있고 목 부위는 가로목둘레(보트넥)로 되어 있다.

② 팔라는 멋쟁이들이 입고 다니는 장식적 성격이 강했다. ③ 멕시코의 화려한 사라뻬 ④ 2004년 APEC 회의에서 차망또를 입은 세계 정상들

'판초'하면 생각나는 두 인물

'판초'하면 먼저 생각나는 것은 클린트 이스트우드다. 그는 '무법자 3부작(1964년《황야의 무법자》, 1965년《석양의 건맨》, 1966년《석양의 무법자》)'에서 줄곧 판초를 입고 나와 강한 인상을 남겼다. 이 판초는 시나리오를 읽고 클린트 이스트우드 자신이 직접 골라 구매한 것이다. (참고로, '무법자 3부작'의 영어 원제는 각각《A Fistful of Dollars》,《For a Few Dollars More》,《The Good, the Bad and the Ugly》로 '무법자'와는 아무 상관없다.)

클린트 이스트우드는 '무법자 3부작'에서 줄곧 같은 판초를 입고 열연했다.

그다음으로는 《은하철도 999》의 '철이'이다. 철이는 열차 밖을 돌아다 닐 때는 꼭 갈색 판초를 입고 나온다. 이는 타이탄 위성의 풍토병을 피하 라고 '토치로'라는 등장인물의 어머니가 철이에게 준 것이다.

작화 상에서 판초를 입은 철이의 모습과 일본 혼슈 이가시市에 있는 《은하철도 999》 동상

고무를 바른 군용 판초 우의 등장

판초를 군용 복장으로 처음 입은 것은 19세기 중반 미 서부의 자경단인 것으로 알려져 있다. 햇볕, 스콜성 소나기, 일교차로부터 대원을 보호하는 효과적인 수단으로 판초를 선택했던 것이다.

이들은 고무나무 수액을 말린 구타 페르카 gutta percha를 두꺼운 면직물에 발라 방수가 되도록 했다. 이것이 군용 판초 우의의 시초였다.

남북전쟁기 판초 우의는 다용도 군장으로 발전했다. 보온, 방수가 되는 판초 우의는 덮개, 텐트로도 사용됐다. 가장 기본적인 사용법은 아래 오른쪽 사진 처럼 입어 비바람을 막는 것이었다.

좌_ 고무나무 수액을 바른 자경단의 판초   우_ 남북전쟁기 판초 우의를 입은 북군의 모습

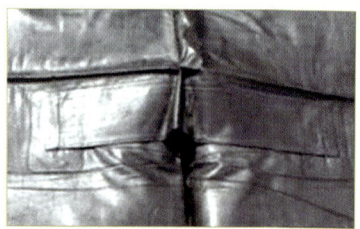
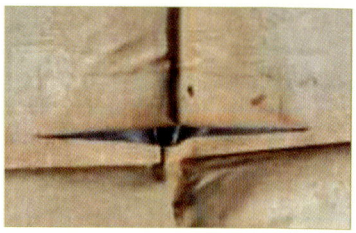

좌_ 남북전쟁기 판초 우의를 복원한 제품
우_ 판초 우의 중앙의 목 부위를 바깥과 안에서 본 모습. 여기로 머리를 집어넣어 입는다.

판초 우의의 휴대법. 입지 않을 때는 등에 메거나(좌), 길게 만 끝을 묶은 후 상체에 사선으로 둘렀다(우)

연결하여 세우면 텐트가 되는 판초 우의

판초 우의는 튼튼하고 방수가 되니 야외 숙영 시 설치할 임시 텐트의 소재로 안성맞춤이었다. 다음 사진 ①~③까지는 판초 우의를 이용하여 텐트를 치는 대략의 순서이다.

① 판초 우의를 펼친다. 가운데 머리를 집어 넣는 구멍이 보인다. 구멍을 덮는 부분 (혀)이 위에서 아래를 향하도록 해야 빗물이 들어오지 않는다.

 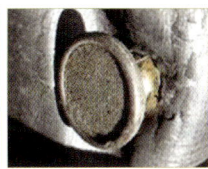

② 판초 우의 중간에 단춧구멍과 단추가 있다. 이를 연결한다. 요즘은 똑딱이 단추로 되어 있다.

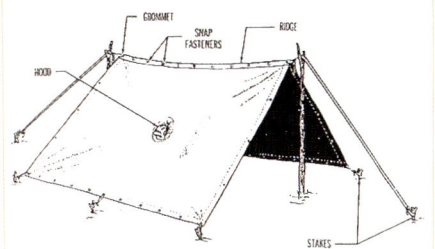

③ 설명도에서처럼 연결한 판초 우의를 지지대나 현지에서 구한 나뭇가지 등으로 세우면 텐트가 된다. 설명도는 제2차 세계대전기의 것이다.

방수성이 뛰어나고 얇아진 나일론 판초 우의

1960년대에 기존의 면 대신 나일론으로 만든 경량 판초 우의(이하 경량 판초)가 보급됐다. 애초에 입기 위해 만들었던 면 재질의 두꺼운 판초 우의는 경량 판초에 자리를 넘기고 텐트용 천으로 남았다.

미군은 제2차 세계대전기부터 정글 지역 작전을 위한 다양한 복장, 장비를 시험했다. 경량 판초는 특히 베트남 정글을 사용 환경으로 개발한 것이었다. 나일론(폴리에스터 혼방)을 소재로 했기 때문에 가볍고 방수가 잘 됐다. 목 부위에 후드 모자를 추가했으며 허리 부근에 조임끈을 달아 외투처럼 입을 수 있게 했다.

경량 판초는 만능이었다. 비가 올 때 입고 덮고 씌울 수 있는 모든 것이었다. 훈련, 작전 시 바닥에 무언가를 깔아야 할 일이 있으면 모두들 경량 판초를 꺼냈다. (안쪽의 코팅이 벗겨지므로 원래는 바닥에 깔면 안 된다.) 가볍고 얇아 작게 말면 팔뚝 크기가 되는데 병사들은 이를 탄띠의 뒤에 묶어 휴대하고 다닌다.

군대와 경량 판초

만능의 유용한 복장이지만 문제도 있다. 신병교육대 등에 입소한 병사는 경량 판초를 지급받는다. 그런데 개인 장구류로써가 아니라 쌓여 있던 것 중 하나를 랜덤으로 받는다. 대부분 오래된 해진 것이고 관리가 제대로 되지 않아 냄새가 난다. 그리고 무엇보다 방수가 잘 되지 않는다. 세제 없이 물로 살살 닦아 응달에 말려야 하는데 그렇게 하지 않기 때문이다.

신병 교육을 마치고 자대에 가면 개인별로 경량 판초를 받는데 상태는 비슷하거나 더 나쁘다. 야전에서는 비가 오는 날이면 오른쪽 사진처럼

① 경량 판초를 입고 행군하는 해병 신병들의 모습 ② 비 올 때만 입는 것이 아니다. 눈 올 때도 경량 판초는 유용하다. ③ 경량 판초를 입고 우천 작업을 하는 병사들 ④ 해병대도 경량 판초를 입는다.

경량 판초를 입고 작업을 나간다. 그런데 이것을 입고 작업하면 축축하고 덥고 불편하다. 방수가 잘 되지 않고 땀과 열이 방출이 되지 않으며 그래서 몸에 척척 달라붙기 때문이다. 예전에 누가 이렇게 말하는 것을 들었다. "비는 흡수하고 땀은 모아두는구만!"

미군은 어떨까?

미군은 2000년대에 들어서부터 눈, 비, 안개 등의 환경에서 입을 수 있는 군복 등을 '우천 복장 wet weather uniforms'으로 구분하여 내놓고 있다.

그중 방수에 특화된 복장을 '방수 파카 H_2O proof parka'라고 부르는데 아래 사진과 같다. 같은 소재로 된 바지도 있다.

    소재 특성은 잘 알다시피 외부 습기를 튕겨내고 내부 습기는 내보내는 '발수투습'이다. 땀이 많이 나는 부위는 땀을 흡수해서 밖으로 내보내는 특수 소재로 되어 있다.

상_ 미 육군 '방수 파카'. 우리가 한때 '미군 고어텍스'라고 불렸던 그 옷이다.
하_ '방수 파카'와 함께 입는 다양한 방수 바지

04
야전 재킷 Field Jacket

'야상'? '방상외피'?

결론부터 말하자면, 올바른 명칭은 '방상외피 防霜外皮'이다. '야상'은 '야전상의'의 준말인데 이는 전투복 상의와 방상외피 등 군인이 입는 윗도리의 총칭이다.

방상외피의 유래는 미 육군이 제2차 세계대전기에 개발한 M 계열 전투복장이다. 방상외피의 아버지 격인 M1941부터 차례로 알아보자.

M1941부터 M1943까지

제2차 세계대전 초기, 미군 장병은 통일된 군복인 'M1941 야전 재킷 field jacket'을 입었다. 이는 19세기 미군의 제복이었던 색코트 sack coat 의 디자인에 카키색을 더한 형태였다. 기본 소재는 면이었고, 울로 두껍게 짠 동계용 군복이 따로 나왔다.

전쟁이 장기화되고 교전이 격화되자 장병은 환경과 임무에 맞는 기능성 군복을 요구했다. 대표적인 것이 공수부대원들이었다. 공수부대원은 공중, 지상, 수중에서 임무를 수행하고 장기간 악천후를 견뎌야 했기 때문이다. 임무 특성상 수납, 부착할 장구류도 많았다. 이런 조건에 맞춰 개발된 것이 'M1942 공수부대 코트 parachute jumper coat 혹은 paratrooper coat'이다. 이때 'jumper'의 뜻은 '공수부대(원)'이다. '뛰어내리다'의 'jump'에서 왔다.

'jumper'가 '외투' 혹은 '운동할 때 입는 스웨터'를 뜻할 때도 있다. 이때의 'jumper'는 프랑스어 'juppe'에서 온 것이며 뜻은 '헐렁한 겉옷'이다. 우리가 '잠바'라고 부르는 바로 그것이다.

1) M1941 야전 재킷

M1941 야전 재킷은, 개발 및 실험적용 책임을 맡았던 당시 미 제3군단장 제임스 파슨스 James K. Parsons 소장의 이름을 따서 '파슨스 재킷'이라 부르기도 한다.

하계, 동계 M1941 야전 재킷의 재현품

파슨스 소장은 민간에서 입는 바람막이 windbreaker 재킷처럼 가볍고 실용적인 외투를 개발하라고 지시했다. 심지어 패션 잡지《에스콰이어》 본사(뉴욕)에 샘플을 보내 감수까지 받았다.

이렇게 해서 나온 M1941 야전 재킷은 사진에서처럼 허리에서 짧게 '라운드-어바웃 round-about' 처리한 것이 특징이며 바깥쪽에는 세로로 슬릿 포켓 slit pocket이 두 개 있다. 하계에는 면, 동계에는 울 소재를 썼다.

상_ 야전 재킷 시제품들. (좌) 1940년형, (우) 1941년형   하_ M1941을 입고 사진을 촬영한 병사의 모습

제2차 세계대전 당시 M1941을 입은 미군의 모습

영화《아버지의 깃발에서》 M1941를 입고 촬영 중인 클린트 이스트우드

2) M1941과 '깔깔이'

동계에는 안쪽에 안감을 넣어 보온을 강화할 수 있었다. 바로 이것이 우리가 '깔깔이'라고 부르는 '방상내피'의 시조인 셈이다. 그런데 한국군은 왜 이것을 '깔깔이'라고 불렀을까. 오늘날의 방상내피는 아래 사진과 같이 '부드럽고 맨질맨질'한데 말이다.

그 원인은 바로 M1941 방상내피의 소재인 울 원단에 있었다. 해방 후 창군 과정에서 한국군은 제2차 세계대전기 미군 군복을 지원받아 입었다. 지원물자 목록에는 M1941 야전 재킷과 방상내피도 있었다. 울 원단이 피부에 닿는 느낌이 '까칠까칠' 했기 때문에 '깔깔이'라고 부른 것이다. (참고로, 아래 사진과 같은 나일론 소재 깔깔이는 M1965부터 적용되었다.)

 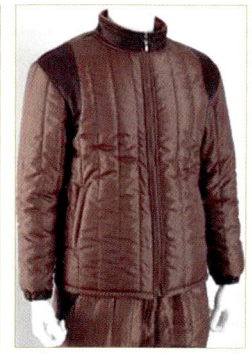

한국 육군의 구형 깔깔이(좌)와 신형 깔깔이(우)

제2차 세계대전기 참전자가 입었던 M1941 안감(좌)과 그 재현품을 M1941 안쪽에 부착한 모습

야전 재킷 Field Jacket

3) M1942 공수부대 코트

M1942는 공수부대원을 위한 옷이었다. 상의가 아래로 길게 내려왔으므로 재킷이 아닌 코트로 분류했다. 위에 두 개, 아래에 두 개 달린 주머니는 물건을 쉽게 많이 넣기 위해서 사선으로 달았고 입체적으로 재단했다. 당시로서는 혁신적인 디자인이었다.

제2차 세계대전 당시 착용했던 M1942 공수부대 코트. 위장을 위해 컬러 스프레이를 뿌린 흔적이 남아있다.

M1942 재현품의 착용 모습

상_ 1944년 '노르망디 상륙작전' 투입 직전 C-47 수송기 앞에 모인 탑승원들. 뒤쪽 줄에 M1942를 입은 공수부대원이 보인다.
우_ 1945년, 독일 진격 후 포즈를 취한 미 제101공수사단 예하 제502대대 요원들

야전 재킷 Field Jacket

4) M1943 야전 재킷

공수부대원이 입는 M1942를 개량하여 범용화한 것이 M1943이다. 기본적으로 다양한 환경과 임무에 두루 착용할 수 있도록 했다. M1943의 방상내피(깔깔이)는 그냥 외투로도 입을 수 있게 개량했다. 소매와 주머니까지 있는 것을 볼 수 있다.

M1943의 방상내피

M1943 야전 재킷 재현품의 전·후면

제2차 세계대전 당시 제101공수사단 소속의 병사가 기념촬영을 하고 있다. 좌측은 M1943 야전 재킷을, 우측은 M1942 공수부대 코트를 입고 있다.

제2차 세계대전 당시 M1943을 입은 미군

야전 재킷 Field Jacket

우리가 알고 있는 방상외피는 M1943부터

M1941과 M1942는 우리가 익히 알고 있는 방상외피의 모습과는 다르다. 다음 사진을 보며 비교해보자. M1941은 우리가 머릿속에 그리는 야전상의와 외형이 많이 다르다. 무엇보다 외부에 포켓이 두 개밖에 없다. 물건을 넣는 용도가 아닌 보온을 위한 머프 포켓 muff pocket이며 형태는 세로로 찢어진 버티컬 슬릿 포켓 vertical slit pocket이다.

M1942는 오늘날 방상외피의 디자인과 기능성에 많은 영향을 주었다. 앞여밈에 지퍼를 쓴 것과 위아래 한 쌍씩 네 개의 포켓을 단 것이 대표적이다. 포켓은 천을 바깥에 붙인 아웃 포켓 out pocket 방식으로 만들었고 뚜껑을 달아 플랩 포켓 flap pocket으로 했다.

우리가 흔히 '야상'이라고 부르는 방상외피는 M1943 야전 재킷부터다. 이 디자인이 거의 반세기 동안 크게 변하지 않고 유지됐다. M1943을 '방상외피의 아버지'라 하는 이유가 여기에 있다.

M1941　　　　　M1942　　　　　M1943

M1941, M1942, M1943 상의(재현품)의 앞뒤

05
사파리 재킷 Safari Jacket

헤밍웨이가 직접 디자인을?

미개척지로 원정을 떠날 때 입는 옷

　사파리 재킷 safari jacket은 미개척지 bush에 원정을 떠날 때 입는 기능성 옷으로 고안되었다. 부시 재킷 bush jacket이라고도 부른다. 재킷의 소재는 카키색으로 염색한 면직물이며, 용도에 맞게 다양한 수납 주머니가 있는 것이 특징이다. 넓은 품, 허리를 조일 수 있는 요대, 어깨의 견장은 이 옷이 군복과 연관 있음을 말해준다.

영국군 열대 제복

사파리 재킷의 원류는 19세기 말 아프리카를 식민 지배하던 영국군이다. 당시 영국군 장교들은 대부분 개별적으로 주문 제작한 제복을 입고 다녔다. 그리고 자신이 지휘하는 부대원의 옷을 개인 돈으로 구매하여 나눠주기도 했다.

아프리카에 주둔하던 영국군 지휘관들은 파격적 디자인의 군복을 만들어 병사들에게 입혔다. 소위 '열대 제복 tropical uniform'이라는 것이었다. 화려한 장식을 제거하고, 당시로서는 촌스러워 보이는 큰 포켓을 전면에 주렁주렁 달았다. 여기에 '먹다 버린 풀죽 같다'는 악평을 받던 카키 khaki 색을 과감히 적용했다.

1900년(추정), 호레이스 니콜스라는 사진가가 열대 제복을 입고 포즈를 취하고 있다. 그는 아프리카로 건너가 보어 전쟁 기록 사진을 찍었다.

좌로부터 프랑스군의 1892년형, 영국군의 1937년형, 독일군의 1941년형 열대 제복

처음엔 너도나도 입기를 꺼려했으나 입어보니 시원하고 편했다. 교전 시 카키색의 위장 효과는 생존에 직결되는 것이었다. 이에 아프리카에 주둔하던 프랑스, 이탈리아, 독일의 군도 곧 영국군의 것과 유사한 복장을 만들어 나눠주기 시작했다.

어네스트 헤밍웨이의 부시 재킷

너도나도 만들어 입던 열대 제복의 디자인이 비슷하게 통일되는 것은 1930년대 초반이다. 열대 제복 통일에 결정적 역할을 한 이는 어네스트 헤밍웨이 Ernest Hemingway였다. 모험가, 군인, 기자, 소설가였던 그는 당대 세계적 저명인사였다.

헤밍웨이는 1933년 12월 한 달간 아프리카 사냥 여행을 했는데 그 경험을 바탕으로 오지 여행에 적합한 복장을 디자인했다. 기본 콘셉트는

1933년 아프리카 사냥 여행 당시의 헤밍웨이

헤밍웨이가 의뢰했던 복장 도안의 재현도(상)와 현재도 판매 중인 부시 재킷

영국군의 열대 제복에서 가져왔다.

헤밍웨이는 자신의 디자인을 아웃도어 패션브랜드 윌리스앤가이거 Willis & Geiger에 전달하여 제작케 했다. 이것이 부시 재킷의 탄생 배경이다. 커다란 패치-플랩 포켓 patch-flap pocket, 안경을 넣는 팔뚝의 슬리브 포켓, 가슴주머니 위에 엽총탄을 꽂을 수 있는 작은 포켓 등이 외형적 특징이었다.

부시 재킷은 헤밍웨이의 명성을 따라 함께 유명해졌다. 그러더니 그 원류인 영국군 열대 제복에 역으로 영향을 미쳤다. 영국군은 부시 재킷을 참고하여 1937년형 열대 제복을 내놓았다. 영국군의 열대 제복을 모방했던 다른 국가들도 그렇게 했다.

아베크롬비의 사파리 재킷

아웃도어, 스포츠 종합 상사였던 아베크롬비 Abercrombie & Fitch는 1939년에 개량형 부시 재킷을 내놓았다. 그리고 이 옷을 사파리 재킷이라 명명했다. (사실 외형상 특징은 재킷보다 수트에 가까웠다.)

당시 아베크롬비의 주요 고객 중 하나는 헤밍웨이로 1940년대 그가 여행, 수렵 중 찍은 사진에서 보이는 옷은 대부분 아베크롬비의 제품이다. 아래 사진에서 헤밍웨이가 입고 있는 것도 아베크롬비의 사파리 재킷이었다.

아베크롬비의 사파리 재킷을 입은 헤밍웨이(우). 좌측은 그의 아내이다.

이탈리아군 사하라 셔츠와 사하라 재킷

한편 제2차 세계대전기 동맹이었던 독일군과 이탈리아군은 열대 제복을 독특한 패션으로 발전시켰다. 아래 사진이 그것인데, 영국군의 열대 제복과 흡사해 보이지만 자세히 보면 재킷이 아닌 셔츠이다. 독일군은 이를 '사막 근무 셔츠 sand service shirts'로, 이탈리아군은 '사하라 셔츠 camiciotti sahariano; saharian shirts'로 불렀다.

1941년 이탈리아군은 사하라 셔츠와 사파리 재킷을 조합하여 '사하라 재킷 giacca sahariana; saharian jacket'이라는 독특한 제복을 만들었다. 아래 사진에서처럼 기존의 부시 재킷, 사파리 재킷, 사하라 셔츠의 기능적 장점과 디자인 특징을 하나로 융합한 것이었다.

상_독일공군의 사막 제복(좌)과 이탈리아군의 사하라 셔츠(우)
하_이탈리아군의 사하라 재킷 기본형(좌)과 개량형(우). 개량형은 그 안에 반팔 사하라 셔츠를 받쳐 입도록 되어 있다.

제2차 세계대전기 이탈리아군의 다른 군복과 마찬가지로, 사하라 재킷의 가장 큰 특징은 세련된 디자인이었다. 이 시기 이탈리아군 군복이 몸 곡선에 맞춘 디자인을 입체 재단으로 구현한 최초의 사례가 아닐까 한다. 1942년부터 제작된 개량형 사하라 재킷은 당장 쇼윈도에 걸어놓아도 될 정도의 완성미를 자랑한다.

찰스 황태자가 사하라 재킷을?

이탈리아군의 사하라 재킷은 시간을 훌쩍 뛰어넘어 1984년 큰 유명세를 얻는다. 파푸아뉴기니를 방문한 영국의 찰스 황태자가 너무나 멋지게 이 옷을 소화해냈던 것이다.

1984년 파푸아뉴기니를 방문했을 당시 찰스 황태자의 모습

사파리 재킷 Safari Jacket

1971년 케냐 방문 시(좌)와 2008년 인도네시아 방문 시(우)의 모습

    찰스 황태자가 입은 이 옷은 사하라 재킷의 진화형이었다. 사실 그는 1984년 이전부터 열대 지역을 방문할 때 이 옷을 입어왔다. 영국 왕실 의복을 담당하는 앤더슨앤셰퍼드 Anderson & Sheppard가 제작·공급했는데 제품명은 사파리 수트 safari suit였다. 디자인을 살펴보면 아베크롬비의 사파리 재킷과 이탈리아군의 사하라 재킷을 한 데 섞은 것 같은 모습이다.

    자, 이쯤에서 더 헷갈리기 전에 지금까지 언급된 다양한 명칭과 그 특징을 정리해보자.

제작 주체	영국군	헤밍웨이	아베크롬비	이탈리아군	앤더슨앤셰퍼드
명칭	열대 제복	부시 재킷	사파리 재킷	사하라 셔츠 사하라 재킷	사파리 수트
특징	4개의 주머니	패치·플랩 포켓	수트에 가까운 디자인	기존 기능 디자인의 융합	사파리 재킷 + 사하라 재킷

'패션 정글' 속의 사파리 재킷

2019년 초 '2019년을 빛낼 남성 패션 아이템'으로 사파리 재킷이 선정되었다. 사파리 재킷은 원래 사막 같은 미개척지로 탐험을 떠날 때 입는 옷인데, 의외로 도시의 이미지와도 잘 어울린다. 현대의 도시를 '패션 정글'이라고 부르기 때문일까? 백문이 불여일견이라고 아마도 아래 사진들을 보면 그 이유를 잘 알 수 있을 것이다.

2019년을 빛낼 남성 패션 아이템, 사파리 재킷

06
테일 코트 Tailcoat

코트 앞자락은
말 타기에 거추장스러워서...

꼬리 달린 외투, 테일 코트

　'연미복 swallowtail'이란 옷이 있다. 옷의 뒷도련이 '제비 꼬리 燕尾; 제비 연, 꼬리 미'처럼 생겼다고 해서 붙은 이름이다.

　뒷도련이 길게 내려온 외투를 모두 연미복이라고 부르는 것은 잘못이다. 뒷도련이 길게 내려온 외투의 총칭은 '테일 코트 tailcoat'가 맞다. 그 중 뒷도련이 매끈하고 가늘게 마무리 된 것을 연미복이라 한다. 이와 달리 뒷도련을 직선으로 야무지게 잘라 놓은 것은 '장도리 코트 clawhammer coat'라 부른다. 테일 코트의 뒷도련은 대부분 장도리 형태로 마무리한다.

상_ 초기의 테일 코트는 뒷도련을 직선으로 자른 장도리 코트였다.
하_ 20세기 초의 것으로 추정되는 테일 코트 세트

테일 코트의 유래

테일 코트는 원래 승마용 복장으로 고안되었다. 코트의 앞단을 짧게 잘라 말에 오르내릴 때 불편하지 않게 하고, 뒷도련을 반으로 갈라 말을 탈 때 걸리적거리지 않게 했다. 반으로 가른 뒷도련은 말 등을 타고 자연스럽게 밑으로 내려왔다.

시간이 지나면서 뒷도련을 반으로 가른 이 승마복은 남성 정장의 대표 격이 됐다.

지금의 승마복을 뒤에서 본 모습.
뒷도련이 둘로 갈라져 있다.

예식, 연회용 정장 드레스 코트

예식과 연회에 맞게 격을 갖춰 입는 테일코트를 '드레스 코트 dress coat'라고 한다. 오른쪽 사진에서처럼 검은색 드레스 코트에 흰색 드레스 셔츠, 조끼, 타이를 받쳐 입는 것이 원칙이다. 바지는 코트와 다른 색상의 것을 입는 것이 원칙이었다. 19세기까지는 주로 남성용 스타킹이라고 할 수 있는 판탈롱이나 승마바지를 받쳐 입었다. 그러나 오늘날은 색상 구분에 큰 의미를 두지 않는다.

참고로, 애니메이션《겨울왕국》에 나왔던 한스 왕자가 입은 옷도 기본 코드는 드레스 코트다.

일반적인 드레스 코트 차림

《겨울왕국》의 한스 왕자와 그가 작화 속에서 입었던 코스튬

제식, 의례용 정장 모닝코트

테일 코트 중 아래 사진처럼 앞섶으로부터 뒷도련까지 사선으로 자연스럽게 이어진 디자인의 것은 '모닝코트 morning coat'라고 구분하여 부른다. 모닝코트의 이런 디자인을 '모닝 컷 morning cut'이라 하고, 드레스 코트처럼 앞을 짧게 직각으로 자른 것을 '컷-어웨이 cutaway'라고 한다.

드레스 코트가 예식과 연회를 위한 것이라면, 모닝코트는 제식과 의례를 위한 것이라 할 수 있다. (드레스 코트를 '이브닝 테일 코트', 모닝코트를 '모닝 테일 코트'라고 부르기도 한다.)

아래 사진은 미 대통령 레이건과 일본의 히로히토가 모닝코트를 입고 의례에 참석한 모습이다. 특이하게도 앞섶 단추를 잠근 채로 있다. 원래 모닝코트는 오른쪽 사진에서처럼 단추를 잠그지 않는다. (워낙 단추도 하나 밖에 없다.) 아마도 의례 시 외투의 단추를 잠그는 일본 관례에 레이건 대통령이 맞춰 준 것이 아닐까 한다.

1983년 일본을 방문한 미 대통령 레이건 부부. 레이건과 그 오른쪽 히로히토는 모닝코트를 입고 있다.

모닝코트를 입은 영국 왕자들

모닝코트를 입은 찰스 왕세자와 해리 왕자. 둘 다 앞섶을 잠그지 않았다.

19세기 영국군 제복이 된 테일 코트, 코티

19세기 육군 장교들도 테일 코트를 입었다. 말을 타고 부대를 지휘하던 귀족 출신의 장교들이 테일 코트 스타일의 제복을 주문 제작하여 입었던 것이다.

19세기 초 영국 육군은 이 테일 코트 스타일의 제복을 정식 장교 복장으로 선정했다. 이를 '코티 coatee'라고 불렀다.

코티의 변화

코티는 영국 보병의 정식 제복으로도 선택되었다. 디자인도 상당히 바뀌었다. 길이는 전반적으로 이전 것보다 짧아져서 앞자락은 허리 위쪽에 뒷자락은 엉덩이 중간에 머물렀다. 품은 전체적으로 몸에 딱 맞게 슬림해졌다. 각종 무기와 장구류를 걸치고 메고 두른 채로 산과 들을 이동해야 하는 보병의 특성을 고려한 것이었다. 장병 모두가 입은 이 제복을 '보병 코티 footman's coatee'로 구분하여 부른다.

19세기 중순 이후부터는 장교든 병사든, 보병이든 포병이든 모두 보병 코티를 입었다. 한때 무릎 아래까지 내려왔던 뒷자락의 꼬리는 이제 엉덩이를 덮는 정도로 통일되었다. 앞자락은 허리 위 배꼽까지 올라갔다. 명칭은 '군용 코티 military coatee'가 됐다.

재킷이 된 미군의 코티, 라운드-어바웃

미군 장교들도 19세기 초부터 영국군을 따라 코티를 입었다. 미군의

19세기 초 영국군 장교가 입던 코트

짧아지고 슬림해진 영국군의 보병 코티

테일 코트 Tailcoat

코티 역시 시간이 지남에 따라 앞-뒷자락이 모두 짧아졌다.

1833년 미 육군은 군용 코티의 꼬리를 아예 없앴다. 이를 '라운드-어바웃'이라고 불렀다. (옷의 도련을 따라 '빙 둘러' 재단하여 뒷자락의 꼬리를 없앴기 때문이다.)

꼬리를 없앴으니 라운드-어바웃은 더 이상 테일 코트, 군용 코티가 아니었다. 그래서 1840년대부터 라운드-어바웃은 재킷으로 분류됐다.

19세기 초 미 육군 제7연대의 장교가 입던 코티

상_ 1812년 미 육군의 보병 코티
중_ 재킷으로 분류되기 전, 1833년의 미 육군 라운드-어바웃. 좌측은 하계 복장이다.
하_ 1858년 미 육군 라운드-어바웃 재킷

테일 코트 Tailcoat

1858년 미군 제복. 우측은 보병, 좌측은 기병이다.

프록코트의 부활과 혼선

테일 코트의 변형이었던 코티는 시간이 지나면서 편의성을 중시하여 앞-뒷자락이 점점 짧아졌고 미군에 와서는 재킷이 됐다. 문제는 방한 기능이었다. 짧고 슬림해진 재킷으로는 추위를 막을 수 없었다.

이렇게 되자 미군은 프록코트 frock coat를 다시 불러냈다. 1851년도의 일이다. 애초에 불편해서 코트의 앞자락을 자르고 뒷자락을 갈랐던 것인데, 그 원형인 프록코트를 다시 보급했으니 어떠했겠는가. 장병들, 특히 기병대 소속대원이 큰 불편을 호소했다. 그래서 왼쪽과 같이 보병에게는 프록코트를, 기병에게는 코티 혹은 라운드-어바웃을 보급하기 시작했다.

남북전쟁의 발발과 '코티 시대'의 종결

1861년 남북전쟁 the Civil War이 발발했다. 급히 소집된 양측의 장병들은 테일 코트, 코티, 재킷, 프록코트 등을 군대가 꺼내주는 대로 입었다. 그것마저 없어서 못 입는 이도 많았다. 그렇다고 혹한의 전장에서 코트 없이 버틸 순 없었다. 남북 양군은 복제 규정에 맞으면 이른바 '사제私製 복장'도 허용했다. 테일 코트인지 재킷인지 프록코트인지 모를 것들이 뒤섞였다.

전쟁이 끝난 후에도 한동안 제식 코트의 디자인과 기능, 규정과 실제는 뒤섞여 엉켜 있었다. 그러다가 1874년이 되어서야 군용 코티의 뒤를 이을 새로운 코트가 등장했다. 미 육군은 여러 시행착오 끝에 '색코트'를 제복으로 선정하고 기타 복제 규정을 정비해나갔다. 반백 년 넘게 서구 제복 코트의 기준이었던 코티의 시대는 이렇게 저물었다.

**07
색코트 Sack Coat**

양복 하면 떠오르는 그 수트의 탄생

'코르셋'처럼 몸에 꽉 끼는 '코티'

19세기 중반, 영국, 프랑스, 미국 등 서구 군대의 장병은 '코티'라고 부르는 제복을 입었다. 코티는 테일 코트의 변형이었다. 품이 크고 뒷자락이 길게 내려오며 장식이 많은 테일 코트는, 군대에 들어와 시간이 지나면서 슬림하고 단출한 코티가 되었다.

그런데 19세기 중반을 지나면서 코티의 형태에 특이점이 왔다. '슬림'과 '단출'의 정도가 심해져서 마치 꽉 끼는 '코르셋'처럼 된 것이다. 우리 중고등학생들이 교복을 짧고 좁게 줄여 '스키니 skinny' 스타일로 입는 것과 유사했다.

평시에는 크게 문제가 될 것이 없었다. 그러나 크림전쟁(1853-1856),

19세기 초중반, 영국군의 코티

남북전쟁(1861-1865)과 같은 장기전이 발발하자 사정은 달라졌다. '스키니' 코티는 너무나 불편하고 추운 복장이었다.

코티의 뒤를 이은 라운드-어바웃

이런 현상은 특히 남북전쟁기 미국에서 두드러졌다. 전쟁이 길어지자 정규군, 징집병, 자원병, 유격대가 각기 다른 복장을 입고 참전했다. 전선의 장병은 불편하고 추운 코티를 벗어 던졌다. 상당수는 이른바 '사제 복장'을 구해 입었다. 전쟁 통의 군으로서는 통일된 복장을 강제하거나 개선된 제복을 공급할 여유가 없었다.

그러나 그대로 두고 볼 수는 없었다. 통일된 복장은 군기를 상징하며 단합의 수단이기도 했기 때문이다. 전쟁 초기의 혼란이 어느 정도 수습

남북전쟁기, 미군의 라운드-어바웃

되자 미군은 복제 규정을 재정비했다. 1860년에 제정되었던 규정은 라운드-어바웃이라는 짧은 개량형 코트 위에 프록코트를 입는 것이 골자였다. 남북 양측은 이 규정을 강조했다.

라운드-어바웃은 코티를 원형으로 삼았지만 디자인과 기능 모든 측면에서 코티와는 다른 옷이었다. 따라서 미군은 라운드-어바웃을 코트가 아닌 재킷으로 분류하고 호칭도 라운드-어바웃 재킷으로 했다.

"재킷을 만들어서 보내주세요"가 불러온 혼란

여기에서 문제가 생겼다. 장병들이 코티도, 라운드-어바웃도 아닌 뭔가 모양새가 어수룩한 포대 자루 같은 옷을 입고 나타나기 시작했던 것이다. (오른쪽 사진 참조) 무슨 일이 있었던 것일까.

당시는 전쟁 통이었으므로 개인 구매품, 집에서 만든 옷도 규격만 맞으면 착용을 허용했다.

1865년의 라운드-어바웃 재킷

남북전쟁기, 집에서 만든 코티

그래서 장병은 집에 "코티를 만들어서 보내주세요"라고 편지를 썼고 집에서는 코티를 만들어 전장에 보냈다. 큰 문제는 없었다. 코티는 전통이 오래된 유명한 제복이어서, 물어물어 '옷본'을 구해 바느질하면 제법 비슷한 제복을 만들 수 있었다.

그런데 재킷의 경우는 그렇지 않았다. "라운드-어바웃 재킷을 만들어서 보내주세요"라고 편지를 보내면, 집에서는 다들 '재킷이 뭐지?', '라운드-어바웃이 뭐지?'하고 생각했을 것이다. 둘 다 당시 미국에서는 잘 쓰지 않던 어휘였기 때문이다.

따라서 몇몇 집에서는 나름 이해한 대로 '라운드-어바웃 재킷'을 만들어 보냈을 것이다. 더러는 이런 착각 속에서 옷을 만들었을 수도 있다. 코티의 옷자락을 '빙 둘러' 잘라낸 것이라서 '라운드-어바웃'이라고 부르는 것인데, "재킷 '비슷하게 roundabout' 만들어 보내달라"는 것으로 말이다. 이런 추론만이 아래의 사진에서 보는 것처럼 장병들이 디자인도 규격도 제각각인 재킷을 입었던 이유를 설명할 수 있다.

색코트 Sack Coat

1865년 남군의 모습. 자세히 보면 옷의 디자인, 규격 등이 조금씩 다르다. 특히 확대한 6번과 7번의 상의는 코티에 가까운 라운드-어바웃이고, 9번은 확연히 그와 다른 형태의 재킷이다.

'재킷 비슷하게 만든 옷', 색코트의 탄생

'재킷 비슷하게 만든 옷'은 깃과 소매, 앞-뒷자락이 둥글둥글하고 품이 넓어 활동성이 좋았다. 이전의 어떤 제복보다도 나았다. 이 옷을 입고 있으면 포대 자루 sack처럼 보인다고 해서 병사들은 '색코트'라고 불렀다. 혹은 회색의 컬러와 어우러져 당나귀처럼 보인다고 해서 '당나귀 재킷 donkey jacket'이라고 부르기도 했다. 이렇게 해서 영국이나 프랑스와 다른 미국만의 독특한 군복 역사가 시작됐다.

남북전쟁과 색코트

남북전쟁기 장병들은 제각각 프록코트, 라운드-어바웃 재킷, 색코트를 입었다. 당시 북군 Union Army의 규정상으론 프록코트는 보병용, 라운드-어바웃 재킷은 기병용이었다. 색코트는 작업과 행군 시에 입도록 되어 있었다.

그러나 시간이 지남에 따라 야전에서는 병과와 활동에 상관없이 대부분 색코트를 입었다. 이유는 간단했다. 언제, 어디서, 무엇을 하든 색코트가 가장 편했기 때문이다.

상_ 1862년 북군이 입던 색코트 형 제복 하_ 1876년 미 제12보병연대 장병의 모습. 가장 왼쪽의 부사관은 남북전쟁기의 색코트를 입고 있으며 그 뒤의 병사는 프록코트를 입고 있다. 오른쪽의 세 병사가 입은 것은 '1876년 형' 색코트이다.

색코트 Sack Coat

미 군복 역사상 최고의 '망작' 탄생 : 스위스 블라우스

전쟁이 끝나고 미 전쟁부는 천차만별 제각각인 제복을 통일하고자 했다. 1872년부터 야전 의견을 수렴하여 1867년 새 제복을 내놓았는데, 소위 '망작'이 나왔다. 아래 그림의 스위스 블라우스 Swiss blouse가 그것이다. 이 옷은 정말로 '블라우스'였다. 상의 가슴 부위에 주름이 잡혀 있고, 이것이 아랫단 부분으로 갈수록 넓게 펴지면서 나풀거리는 형태였다.

스위스 블라우스 도입을 주도한 것은 군의관 알프레드 우드헐 Alfred Woodhull이었는데 그는 '가장 편하며 건강에도 유익한 디자인'이라고 했다. 그러나 이 옷은 당장 병사들의 정신 건강을 손상시켰다. '하녀의 작업용 치마'를 입었다고 놀림을 받았던 것이다.

그리하여 이런저런 논란 끝에 스위스 블라우스는 규정에서 사라지고 1874년부터 다시 색코트가 미 육군의 공식 제복이 되었다.

스위스 블라우스를 입은 미 제6연대의 부사관

편한, 너무나도 편한

19세기 말, 색코트는 미국 남성용 외출 복장으로 크게 유행했다. '색 수트', '색 재킷'이라고도 불렀다.

색코트는 이 시대 남성들에게 복장의 혁명이었다. 기존의 코트류와 달리 길이가 짧아 활동, 보관이 편했다. '정장은 두 줄 단추 double-breasted'라는 공식을 깨버린 것도 색코트였다.

색코트는 입기에 편하기도 했지만, 만들기에도 편했다. 입으면 '포대 자루 sack 처럼 보인다'고 해서, 만들 때 '포대 자루처럼 두 개의 조각 원단만 있으면 된다'고 해서 색코트로 불렀다.

오늘날 우리 눈에 가장 익은 것은 미국 브룩스브라더스 Brooks Brothers 사의 넘버 원 색 수트 No. 1 Sack Suit 이다. 기존 색코트, 색 수트, 색 재킷의 공통점, 차이점을 분석하여 가장 편하면서도 멋진 디자인을 내놓았다.

19세기 말의 색코트

색코트의 옷본 pattern. 아래 설명에 라운지 코트 lounge coat 라고 되어 있는데 색코트의 다른 이름이다.

브룩스브라더스의 넘버 원 색 수트

가드 코트 Guard's Coat

영국군이야? 독일군이야?

근위대 장교들의 제식 외투였던 가드 코트

가드 코트 guard's coat란 말 그대로 근위대 외투다. 근위대 장교들이 제복 위에 입기 위해 만들었다. 근위대 장교의 제식 복장이었던 만큼 다음과 같은 명확한 디자인 기준이 있다.

- 앞쪽의 버튼은 3개 × 2열을 기준으로 한다. 단추가 더 있을 수도 있지만 그것을 사용하지는 않는다. 즉 옷깃을 목까지 여미 잠그지 않고 항상 옷깃의 모양을 유지한다.
- 옷깃은 피크 라펠 peak lapel 스타일로 한다.
- 외투 좌측 가슴에 웰트 포켓 welt pockets을 둔다.

- 소매는 커프스 없는 민짜를 밖으로 크게 접어서 마무리한다.
- 뒤쪽에 반¥ 벨트 half belt를 두어 잡아 당겨 품을 조절할 수 있도록 한다.
- 색상은 짙은 네이비 블루 혹은 미드나잇 블루를 기준으로 한다.

가드 코트는 전반적으로 단순하고 절제된 디자인에서 오는 세련미가 돋보이는 옷이다. 단추를 3개 × 두 줄로 한 것도, 커프스를 생략하고 앞에서 벨트가 안 보이게 뒤로 돌린 것도 장식을 최소화하기 위한 것이다.

여기에 격식 있는 자리에서 입는 정장에 사용되는 피크 라펠과 웰트 포켓을 도입했다. (피크 라펠은 아래 그림에서처럼 가슴 옷깃이 위를 향하도록 재단한 것을 말한다. 웰트 포켓은 정장 왼쪽 가슴에 있는 주머니를 떠올리면 되는데 단 마무리를 바깥으로 접어 모양을 낸 것이다.)

대표적인 옷깃 스타일 세 가지. 좌로부터 노치notch, 피크peak, 숄shawl 라펠

뒤에서 본 가드 코트

가드 코트 Guard's Coat

가드 코트의 유래

가드 코트는 영국 그레내디어 근위대 Grenadier Guards의 장교 외투에서 유래한 것이라 알려져 있다(그레내디어 근위대의 정식 부대명은 '제1보병 근위대 1st Foot Guards'이다). 그렇다면 그레내디어 근위대 장교들은 어떤 경유로 이 멋진 외투를 입기 시작했을까.

그것은 그레내디어 근위대의 한 멋쟁이 소대장이, 런던에서 주문 제작해 온 외투를 군복 위에 입고 나타났을 때부터였을 것이다. 제1차 세계대전 때만 하더라도 영국 장교들은 규정을 크게 벗어나지 않는 선에서 제복과 외투를 주문 제작해 입었다. 멋쟁이 소대장도 마찬가지였는데 그는 상당히 돈이 많았기 때문에, 아마도 외투를 여러 벌 주문 제작해서 동료 장교들에게 선물했을 것이다.

이 멋쟁이 소대장의 이름은 '에드워드 앨버트 크리스천 조지 앤드루 패트릭 데이비드 윈저'. 바로 왕좌 대신 사랑을 택해 즉위 10개월 만에 스스로 퇴위한 에드워드 8세이다. 우리에겐 윈저 공으로 더 잘 알려져 있다. 당대 남성 패션의 유행을 이끌었던, 윈저 매듭법 Windsor Knot으로 유명한 바로 그 윈저 공이다.

'패션왕' 윈저 공의 모습

가드 코트를 입은 찰스 왕자. 디자인에서 색상까지 '정통' 가드 코트라 불릴 만하다.

그러니까 가드 코트는 영국의 제1보병근위대 '그레내디어 근위대'에 왕위 계승자인 왕자가 소대장으로 오면서 나눠 준 왕실 하사품이었던 셈이다. 그래서인지 오늘날 이 가드 코트를 가장 잘 소화하는 대표적인 인물은 영국 찰스 왕자다.

가드 코트의 유행

제1차 세계대전에 참전한 국민의 사랑을 받는 왕자가, 영국군 정예부대인 그레내디어 근위대 장교들과 함께 입던 이 코트는 큰 인기를 끌었다. 영국의 한 잡지가 묘사한 것처럼 1930년대 런던의 거리는 '네이비 블루의 긴 코트에 갈색 구두를 신은 신사들'로 넘쳤다. '가드 코트'란 이름도 이때 붙었다.

1930년대 후반의 런던을 그린 삽화들. 가드 코트와 앞이 뾰족한 구두를 매칭하는 것이 신사복의 큰 유행이었다.

제2차 세계대전과 가드 코트

그런데 1930년대 후반 이후, 잡지 등의 매체를 추적하다보면 어느 순간부터 가드 코트가 보이지 않는 것을 알 수 있다. 그 이유는 어렵지 않게 알 수 있다. 1939년에 발발한 제2차 세계대전 때문이었다.

전쟁이 터지자 영국은 국민의 복장을 통제하여 호사스럽거나 비실용적인 옷의 착용을 금지시켰다. 가드 코트도 그 목록에 들어갔다. 울 소재를 사용하여 무릎까지 내려오게 만든 가드 코트는 비쌌고 실용성도 별로 없었다. 원래부터 보온보다는 멋을 위해 만들어진 옷이었다. 영국 멋쟁이들은 전쟁 기간 동안 가드 코트를 입을 수 없었다.

독일군과 가드 코트

그런데 전쟁이 끝나고 나서도 영국 멋쟁이들은 가드 코트를 입지 않았다. 돌고 도는 것이 유행이니 잠시 다른 코트들에게 자리를 내주었다가, 때 되면 '복고풍' 딱지라도 붙이고 나올 법한데 그렇지 않았다. 가드 코트는 이상할 정도로 다시 인기를 얻지 못했다. 왜 그랬던 것일까.

아마도 독일군 때문이었을 것이다. 제2차 세계대전 당시 독일의 펠릭스 제르진스키 근위경비연대 Wachregiment "Feliks E. Dzierzynski"가 가드 코트를 입었다. 어떤 경위로 그들이 가드 코트를 제복으로 선택했는지는 분명치 않다.

어쨌든 근위경비연대를 시작으로 유사한 임무를 수행하는 여러 부대가 가드 코트를 겨울 외투로 삼았다. 독일군 일부 부대는 패전 후에도 계속 제2차 세계대전 때의 콘셉트를 유지한 제복을 입었는데, 가장 대표적인 것은 동독 경비대였다.

펠릭스 제르진스키 근위경비연대의 가드 코트

제2차 세계대전기 독일 국경수비대원이 입던 가드 코트

이들이 입은 것은 원형 그대로의 가드 코트는 아니었다. 옷깃은 노치 라펠과 피크 라펠의 중간형으로 했다. 또 옷깃이 크고 두꺼웠다. 동계 혹한에 옷깃을 목 위로 여며 보온을 하기 위한 것이었다. 자세히 보면 옷깃을 여미기 위한 단추와 단춧구멍이 있다. (제대로 된 가드 코트라면 아래쪽 옷깃이 위로 올라간 피크 라펠이어야 한다. 또한 가드 코트를 입는 멋쟁이들에게 옷깃을 위로 올리는 것은 금물이었다.)

독일군 근위경비연대는 가드 코트를 입고 유럽을 누볐다. 전후 동독의 국경수비대도 가드 코트를 입고 베를린 장벽을 지켰다. 침략 전쟁과 공산주의의 이미지가 가드 코트에 침투했다. 그러니 그 독일 병정들이 입고 다니던 가드 코트를 입고 싶은 영국인은 별로 없었다. 냉전기 소련과 독일 스파이들 쳐부수고 다니던《007》의 제임스 본드 빼곤 말이다.

베를린 장벽을 지키던 동독 경비대원이 입던 가드 코트

영화 《007》에서 가드 코트를 입은 제임스 본드(피어스 브로스넌 분)

09
파카 Parka

한반도의 혹한을 견뎌낸 기적 같은 옷

이누이트인들이 입던 방한 외투, 파카

　우리가 '파카'라고 부르는 옷이 있다. 이누이트인이 입던 방한 외투로, 'parka'라 적는다. 이는 러시아 북쪽에 살던 네네츠인 Nenets의 말로 '동물의 가죽'이란 뜻이었다. 파카는 동물의 가죽으로 만든 이누이트인의 방한 외투였다.
　이누이트인은 순록이나 바다표범의 가죽으로 파카를 만들었다. 털을 뽑거나 무두질을 하지 않고 그대로 사용하여 보온력을 높였다. 옷에는 후드 모자가 달려 있었다. 후드는 털이 안쪽으로 향하게 만들었는데 늑대 가죽을 최고로 쳤다. 완성된 파카의 안쪽에 생선기름을 발라 방수 처리를 했다.

파카를 입은 이누이트인들

미 육군과 파카

미군은 제2차 세계대전 직후부터 동계 전투 시 입을 방한복 개발에 주력했다. 북유럽의 혹한을 경험한 것이 직접적인 계기가 됐다.

미 육군은 이누이트인들이 입던 파카를 참고하여 보급용 방한 외투 개발에 힘썼다. 목표는 '보온성, 활동성, 경제성을 모두 갖춘 보급용 방한 외투를 만든다'는 것이었는데, 쉽지 않은 일이었다. 두껍게 만들면 활동성이 떨어졌고, 얇게 만들면 가격이 올라갔다.

1948년에 양산 가능한 모델이 나왔다. 이를 M-48이라 부른다. 야전에 보급 가능한 형태가 나온 것은 1951년이었다. 이것이 'M-51 피쉬테일 fishtail 파카'이다. '피쉬테일'이란 별칭이 중간에 붙은 것은 이 옷의 뒷도련이 물고기 꼬리처럼 둘로 갈라져 길게 밑으로 내려왔기 때문이다.

뒷도련을 둘로 갈라지게 한 것은 칼바람이 파카의 밑으로 들어오지 않게 다리 안쪽으로 넣어 묶을 수 있도록 하기 위한 것이었다. 뒤쪽에 똑딱이 단추가 있어, 필요하다면 길게 밑으로 내려온 뒷도련을 올려 고정할 수도 있었다.

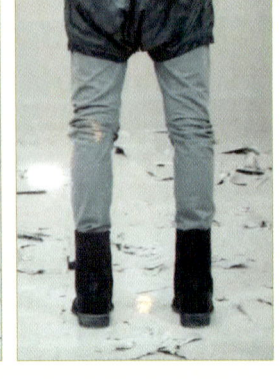

① 1940년대 미국 보스턴의 한 육군 연구소에서 파카의 방한 능력을 실험하는 모습 ② M-51 파카 앞, 뒤 ③ M-51 파카 후드에 털을 달기 전(좌)과 후(우) ④ 뒷도련의 '피쉬테일'(좌)과 이를 다리 안쪽으로 넣어 묶은 모습(우)

한국전쟁에서 본격 보급된 파카

미 육군은 1951년, 야전에 M-51 파카를 시험 보급했다. 이 '야전'이란 한반도였다. 장병에게 대량 보급할 수 있을 정도로 가격을 낮추지 못했고 물에 젖으면 무거워지는 면 소재의 한계도 극복하지 못했다. 하지만 '따뜻하고 얇으며 싼' 완성품이 나올 때까지 기다리기엔 한반도가 너무 추웠다.

미 육군은 비싼 신소재를 사용하는 대신, 면에 울을 섞은 것을 사틴 혹은 포플린 방식으로 직조하여 방수, 방풍이 되도록 했다. 후드에 늑대나 코요테의 털을 달아 보온성을 높이고자 했다.

한국전쟁기 한반도의 혹한을 경험했던 미군 중 한 명은 자신의 수기에 '파카는 기적이었다. 나는 파카를 사랑했다. 파카가 없었더라면 그 혹독하게 추운 한국에서 어떻게 버텼을지 상상할 수 없다'고 기록했다.

한국전쟁 당시 파카를 입은 미군들의 모습(좌), 1960년대 개량형 파카를 입고 있는 미군 보초(우)

미완의 방한 외투, M-51 파카

M-51 파카의 전성기는 짧았다. 그 이유는 첫째, M-51 파카가 비쌌기 때문이다. 파카의 개발자들은 제2차 세계대전 직후부터 '보온성, 활동성, 경제성을 모두 갖춘 보급용 방한 외투를 만든다'는 목표를 달성하려고 했지만 그렇게 하지 못했다.

근본적인 문제는 '소재'였다. 위 목표를 모두 만족시킬 수 있는 소재인 '나일론'이 있었지만, 전투복, 철모피, 총기끈 등 범용 전투장구류에 우선 사용하도록 되어있었다. (M-51 파카의 전 모델인 M-48이 그 비싼 '실크'를 소재로 사용한 이유가 여기에 있다.) 나일론 사용이 제한되자 개발자들은 면과 울을 섞어 M-51 파카를 만들었는데, 대량 보급하기에는 여전히 비쌌다.

둘째, 일종의 '시험 보급'에 그쳤기 때문이다. M-51 파카는 1951년부터 한반도 파병 장병에게 보급됐고 1953년 전쟁이 끝나자 보급이 거의 중단됐다. 휴전 이후 한반도에 주둔한 미군 일부는 전임자로부터 M-51 파카를 물려받아 입었다. 그러나 대다수는 새로 나온 방한복을 입었다. '전략물자'였던 나일론의 사용통제가 풀리고 신기술이 적용되면서 M-51 파카보다 따뜻하고 움직이기 좋은 방한 외투가 많이 나왔다.

그중 하나가 M-65 파카다. M-51의 개량형이라고 할 수 있는데, 탈부착 가능한 후드 모자와 방한 내피가 특징이었다. (이 방한용 내피가 바로 우리가 알고 있는 '깔깔이'이다.)

후드 모자와 방한용 내피가 결합된 M-65 파카(좌)와 떼어 낸 방한용 내피, 후드 모자(우)

영국 모드족과 파카

1960년대, M-51, M-65 파카는 돌연 영국인들로부터 큰 각광을 받았다. 그것도 전장이 아닌 런던의 거리에서 말이다. 나중에는 유행을 넘어 영국의 전후 세대를 상징하는 문화 코드의 일부가 됐다. 무슨 일이 있었던 것일까.

1950년대 후반부터 1960년대까지 영국에선 '모드 Mod 문화'라는 것이 유행했다. '모드'는 '모더니스트 modernist'의 줄임말인데, 기성세대와 차별되는 감각적이고 반항적인 활동을 추구했다. 모드 문화의 향유층은 주로 런던 노동계급의 청년이었다. 이들을 일컬어 '모드족'이라 부르기도 했다.

모드족은 몸에 딱 붙는 수트에 베스파 Vespa 스쿠터를 타고 다니며 록 음악과 모던 재즈를 들었다. 모두 영국 상류계급이 향유하던 문화(크고 넉넉한 수트, 고급 세단, 클래식 음악)의 대척점에 있는 것들이었다.

그런데 모드족이 스쿠터를 타고 다니던 1960년대 런던에는 물 고인 도로나 진창인 비포장도로가 많았다. 그래서 모드족은 수트가 더러워지는 것을 막기 위해 미군이 입던 빈티지 파카를 구해 겉에 걸치고 다녔다. 이것이 미 군용 파카가 모드 문화의 일부가 된 유래다.

그렇다면, 모드족은 왜 하필 미군 군복을 입고 다녔던 것일까. 한 연구에 의하면 그것은 '제2차 세계대전 이후 몰락한 영국의 위상에 대한 일종의 비판'이었다. 영국은 제국주의로 약소민족 위에 군림하였으나 막상 전쟁(두 번의 세계대전)이 일어나자 자신이 속한 세계를 지키지 못했다. 그러나 미국은 두 번이나 세계의 요청에 응하여 자유와 민주를 지켜냈다. 전후 런던 노동계급 청년들이 미군 군복을 입고 거리를 누빈 것은 그런 영국에 대한 풍자이자 반성이었던 셈이다.

좌_ 수트 위에 파카를 입고 베스파를 모는 영국 모드족의 모습   우_ 파카를 입고 1960년대 런던 거리를 누비는 영국 모드족의 모습. 파카의 등에 그려 넣은 심볼은 모드족이 좋아하던 록 밴드 '더 후 The Who'의 로고다.

1964년에 결성되어 활동한 영국의 록 밴드 '더 후'의 모습과 로고. 모드족의 구심점 역할을 했다.

만다린 칼라 Mandarin Collar

군복에도 만다린 칼라를? 그건 좀…

마카오 지역의 중국인 중간 관리자

'만다린 칼라 mandarin collar'의 '만다린'은 포르투갈어에서 왔다. 마카오를 식민 지배하던 포르투갈인들은 통치를 담당하는 중국인 중간 관리자를 포르투갈어로 '만다르 mandar; 명령권자'라고 불렀다. 마카오를 드나드는 서양인들은 그것이 '중국인'을 지칭하는 단어인 줄 알았을 것이다. 시간이 지나면서 '만다르(만다린)'는 중국(인) 혹은 동양(인)과 동의어로 사용되었다.

한편 서양과 문물 교류가 활발하던 청나라 시기, 정치와 사회를 지배한 것은 만주족이었다. 이때의 '만다린'은 만주 출신의 중국 귀족, 관료를 지칭했다.

만주족은 중국을 전통적으로 지배하던 한족과 다른 문화, 풍습을 갖고 있었다. 가장 눈에 띄는 것은 변발과 호복胡服으로 둘 다 유목, 기마, 사냥, 전투 특화된 것이었다. 따라서 '만다린'은 만주족 특유의 차림새를 지칭하는 용어로도 사용되기 시작했다.

구분	16세기 마카오	17세기 청나라	18세기 청나라
호칭	만다르 → 만다린	만다린	만다린
의미	중간관리자 → 동양인	만주 출신의 중국 귀족, 관료	만주족의 복색

'만다린'의 의미 변화

상_ 다양한 변발(좌)과 변발을 땋는 모습(우) 하_ 청나라 관료, 귀족, 왕족이 입던 호복. 목주변이 둥글고 깃을 세운 것이 특징이다

치파오는 원래 만주 전통 호복의 통칭

청나라는 만주족의 복식인 호복 입기를 강제했다. 대표적인 것이 '창샨長衫'과 '창파오長袍'이다.

창샨은 만주족 남성의 전통 복장인데 우리말로 하면 '장삼'이다. 청나라는 남성의 한푸漢服; 한나라 옷 착용을 금지하고 창샨을 입도록 강제했다. 이런 규제는 나중에 완화됐지만, 청나라 관료나 관청에 등청하는 민간인은 계속해서 창샨을 입어야 했다. 창파오는 우리말로 하면 '장포'다. 만주족 복식에서 유래한 청나라 시기의 여성 전통 복장이다.

이렇게 창샨과 창파오를 합쳐서 '치파오旗袍'라고 불렀다. 원래 치파오는 '치렌旗人이 입는 파오袍' 즉 '만주족이 입는 옷'이란 뜻이었다. 그런데 치파오가 한족 여인들 사이에서 큰 인기를 끌면서 '치파오 = 만주풍의 화려한 여성 옷'이 된 것이다.

창샨을 입고 있는 중국 남성들

상_ 창샨은 쿵푸 영화에 자주 등장한다.
중_ 창파오를 입고 있는 중국 여성들
하_ 우리가 가장 잘 알고 있는 창파오는 게임 속 '춘리'의 것이 아닐까

호복의 특징, 만다린 칼라

창샨과 창파오의 눈에 띄는 특징은 단연 '만다린 칼라'이다. 만다린 칼라는 스탠딩 칼라 standing collar, 밴드 칼라 band collar 등으로도 부르는데 목 주변을 둥글게 처리하고 짧은 칼라를 세워 여미고 풀 수 있도록 한 것이 특징이다. 18세기경 청나라 귀족, 왕족 출신 관료가 등청할 때 입는 관복을 서양인들이 만다린 칼라라고 부르기 시작했다.

고등학교를 배경으로 한 무협영화 《화산고》의 등장인물들. 모두 만다린 칼라를 입고 있다.

만다린 칼라와 비슷한 것으로 '네루 칼라 Nehru Collar'와 '마오 칼라 Mao Collar'가 있다. 먼저 네루 칼라에 대해 알아보자.

네루 칼라

결론부터 말하자면, 네루 칼라는 만다린 칼라와 매우 유사하지만 그 유래가 전혀 다르다. 네루 칼라는 인도 수상 자와할랄 네루 Jawaharlal Nehru가 유행시켰는데, 북인도 지방의 전통의상이 그 원형이다. 네루가 주문 제작하여 입고 다닌 이 특이한 복장은 곧 '네루 칼라' 혹은 '네루 재킷'으로 불리며 크게 유행했다.

영국에는 인도에서 건너가 유행한 복장이 여럿 있다. 네루 칼라도 그 중 하나였다. 특히 1960년대 런던 거리를 누비고 다니며 독특한 문화를 형성한 모드 Mod족이 네루 칼라를 입고 다녔다.

모드족이 네루 칼라를 선호한 것은 두 가지 이유에서였다. 하나는 이국적이고 심플한 디자인 때문이었다. 다른 하나는 영국에 대한 비판이었다. 모드족은 네루 칼라 위에 미군 군복인 M65 파카를 입었다. 네루 칼라를 입은 건 과거 제국 시절의 식민지 정책에 대한 반성이었다. 미군 군복을 입은 건 제2차 세계대전기 보여준 영국의 무력함을 풍자하기 위해서였다.

네루 칼라를 입은 네루의 모습

상_ 네루 칼라 스타일의 옷을 입은 영국 록 그룹 '더 후'의 모습(1966년)
하_ 네루 칼라를 입은 비틀즈의 모습(1967년). 특히 폴 메카트니가 즐겨 입었다.

마오 칼라

마오 칼라는 만다린 칼라의 변형, 발전형 정도로 보면 된다. 마오 칼라의 원형은 '쭝샨 中山'이다. 쭝샨은 중화민국 초대 대총통 쑨원 孫文의 애칭이었다. 쑨원은 만주족 전통 복장인 창샨의 디자인과 서양 양복의 실용성을 두루 갖춘 옷을 주문

쭝샨을 입은 쑨원의 모습(좌). 기념우표 속에서도 그는 쭝샨을 입은 채다(우).

제작해 입고 다녔다. 쭝샨의 가장 큰 특징은 만주식의 둥근 목둘레에 서양식으로 짧은 칼라를 단 것이다.

쭝샨은 곧 큰 유행이 됐다. 참고로, 쭝샨은 쑨원의 일본식 이름 '나카야마 中山'에서 온 것이었다. 이전까지의 전통 남성 복장인 '창샨'과 운이 맞기도 하여 그리 불렸다.

이후 쭝샨에는 여러 가지 의미가 덧씌워졌다. 우선 바깥에 달린 네 개의 패치포켓은 인仁, 의義, 예禮, 지智를 의미한다고 했다. 전면의 단추 다섯은 정부의 5부를 의미하며, 소매의 단추 셋은 쑨원의 삼민주의三民主義라고 했다.

그런데 쭝샨의 외형을 가만히 보면 어딘가 모르게 군복의 느낌이 난다. 어떤 이는 '일본에 오래 머물며 활동했던 쑨원이 쭝샨의 디자인을 의뢰할 때 일본 군복을 참조했다'고 주장한다. 그러나 20세기 초 큰 패치 포켓이 달린 제복은 어디라고 특정할 것 없이 여러 나라의 유행이었다.

어쨌든 쭝샨은 그 이전 버전인 창샨이 그랬던 것과 마찬가지로 중화민

국 지도자, 관료의 제복처럼 굳었다. 1924년 중국공산당을 받아들여 '제1차 국공합작'을 시작한 후에는 공산당 간부들도 쭝샨을 입기 시작했다.

그리고 시간이 흘러 1949년 10월 1일, 중국공산당이 중화민국 국민당과의 정치군사적 대결에서 승리했다고 선포했다. 이날 중화인민공화국 정부수립이 선포됐다. 베이징 천안문 위에서 마이크를 잡은 것은 초대 주석 마오쩌둥 毛澤東이었다.

단상 위의 그는 쭝샨을 입고 있었다. 이미 중국인들은 쭝샨을 '마오 칼라' 혹은 '마오 수트 Mao Suit'로 부르고 있었다.

중화인민공화국 정부수립을 선포하는 마오쩌둥(상). 컬러를 입혀 복원한 사진의 일부(하)

이후 마오 칼라는 중국의 역사, 전통, 주권, 승리를 상징하는 옷이 되었다. 중국 지도자들은 지금도 국가급 행사, 국방 안보 행사에 마오 칼라를 입고 참석한다.

마오 칼라를 입은 후진타오와 시진핑 주석(상). 2015년 마오 칼라를 입고 백악관 만찬장에 들어선 시진핑 주석(하)

미 육군 전투복 상의와 만다린 칼라

만다린 칼라가 달린 전투복도 있다. 2004년부터 미 육군 전투복 상의에 적용된 만다린 칼라는 오랫동안 논란의 중심이었다. 그 이유는 아래의 사진을 보면 바로 알 수 있다.

전투복의 만다린 칼라를 세운 모습

미 육군 전투복은 사진에서 보듯 만다린 칼라를 세워서 벨크로(찍찍이)로 고정시킬 수 있게 고안되었다. 문제는 저 상태만 놓고 보자면 만다린 칼라가 무슨 기능을 하는지 알 수 없다는 점이다. 칼라가 짧아 보온이나 보호 그 어느 것도 제대로 될 것 같지 않다.

사실 미 육군이 전투복에 만다린 칼라를 적용한 것은 다음 왼쪽 사진에서처럼 방탄조끼를 입었을 때 칼라가 방해가 되지 않게 하기 위해서였다. 칼라를 짧게 세우면 방탄조끼를 입을 때 확실히 편하긴 하다. 그러나 세간의 비판은 끊이질 않았다. 특히 만다린 칼라는 세우지 않았을 때 종종 오른쪽과 같이 흐트러졌기 때문에 '디자인이 구리다'는 게 중론이었다.

그래도 10년 이상 바뀌지 않고 버티다가 2015년에 전투복 디자인이 대폭 바뀌면서 현재는 만다린 칼라가 아닌 일반 칼라가 적용되고 있다.

좌_ 만다린 칼라를 세우고 방탄조끼를 착용한 모습
우_ 전투복 만다린 칼라는 종종 이런 모양으로 흐트러졌다.

일반 칼라가 적용된 현재의 미 육군 전투복

란츠크네히트 Landsknechts

"지금까지 이런 군복은 없었다.
이것은 명품 패션인가, 군복인가."

화려함의 극치, 란츠크네히트

　다음 사진 속의 이들은 교황 스위스 근위대 Pontifical Swiss Guard로 1506년에 창설된, 세계에서 가장 오래된 군대 중 하나다. 편제는 현재 110명(최초 150명에서 출발)이며 교황청 통제를 받아 교황을 경호하는 것이 주 임무다. 바티칸시가 주관하는 각종 행사의 제식을 담당하기도 하나 시의 방호와 관련된 일은 하지 않는다. 참고로, 스위스 근위대 지원 조건은 다음과 같다.

　- 스위스 시민권을 가진 미혼의 가톨릭 신자일 것

- 19세 이상 30세 미만, 신장 174cm 이상의 남성일 것
- 해외에서 2년 간 근무를 할 수 있는 자일 것

따로 설명할 필요가 있을까? 스위스 근위대의 가장 큰 특징은 그들의 복장이다. 이것을 '란츠크네히트 Landsknechts'라고 부른다. 그런데 '란츠크네히트'의 원래 뜻은 '독일 용병'이다. 스위스 용병에 뿌리를 둔 근위대에 독일 용병이라니. 도대체 어떻게 된 일일까.

교황 사열을 받고 있는 교황 스위스 근위대의 모습

1578년 무명작가가 그린 교황청 내부 모습. 우측에 스위스 근위병의 모습이 보인다.

스위스 용병은 라이슬로이퍼

중세 유럽 봉건제의 사회연결망은 봉토였다. 왕부터 소작농까지 '땅'을 매개로 연결되었다. 왕은 공작에게 공작은 남작에게 남작은 기사에게 땅을 주며 충성을 맹세 받았다. 시간이 지나면서 귀족은 늘고 나눠줄 여분의 봉토는 줄었다. 그렇게 되자 영지 없는 기사들이 늘어나기 시작했다. 이때부터 상위 귀족들이 봉급과 현물을 주고 기사를 고용하기 시작했다. 이것이 용병의 탄생 배경이다.

　중세 이후 유럽은 온통 전쟁이었다. '백년전쟁(1337-1453년)'이라는 타이틀이 이를 증명한다. 르네상스기에 들어서도 전쟁은 끊이지 않았다. 프랑스와 오스트리아 합스부르크가가 벌인 '이탈리아전쟁(1494-1559년)'이 백년전쟁의 뒤를 이었다.

　왕가, 귀족가는 자신들을 지켜줄 무력을 가지고 있다면 기사든 평민 출신 용병이든 따지지 않고 고용했다. 특히 북부 이탈리아의 도시국가들은 넘쳐나는 돈을 주고 용병 집단을 대거 고용했다. 돈 많은 명문가일수록 유명한 용병을 고용했다. 그중 가장 유명한 것은 스위스 용병이었다.

　스위스는 로마, 프랑스, 독일, 오스트리아가 연결되는 길목이었기 때문에 오랫동안 주변국으로부터 침탈당했다. 그러다가 13세기 말부터 지방 호족이 힘을 합치기 시작했고 14세기 초에는 연방을 형성했다. 연방은 지역 단위로 민병대를 육성하고 알프스 지역에 적합한 산악·평지 보병 전술을 훈련시켰다.

　상시 민병대를 준비시킬 수는 없었으므로 연방은 전문적으로 전투력을 제공하는 용병 집단을 육성하기로 했다. 예하 각 주 별로 필요할 때 원하는 용병을 고용하여 쓸 수 있게 한 것이다. 이렇게 탄생한 스위스 용병을 '라이슬로이퍼 Reisläufer'라고 불렀는데, '출정'을 의미하는 '라이저 Reise'에 '걷는 사람'을 뜻하는 '로이퍼 läufer'를 더한 것이었다.

　전쟁이 끊이지 않으면서 용병 시장은 점차 넓어졌다. 스위스 용병 라이슬로이퍼는 해외의 전쟁에 뛰어들기 시작했는데 곧 용병 시장을 독점하다시피 했다. 용병을 자처하는 집단이 유럽 여기저기서 생겨났지만 라이슬로이퍼의 전투력에 미치진 못했다.

작자 미상, 《알프스를 넘는 라이슬로이퍼》 (1513)

란츠크네히트 Landsknechts

독일 용병은 란츠크네히트

스위스의 유럽 용병 시장 독점은 1515년 스위스가 '중립'을 선언하며 끝이 났다. 혼선을 거듭하는 이탈리아전쟁에 더 이상 용병을 공급하지 않겠다고 한 것이다. 사실 말이 중립 선언이지 대놓고 프랑스 편을 들겠다는 것이나 다름없었다. 이때 프랑스와 적대 관계였던 오스트리아 합스부르크가에 용병을 대기 시작한 것이 독일 용병 '란츠크네히트 Landsknechts'였다.

당대 란츠크네히트에 대해 기술하기를 '이들은 음식, 돈, 맥주, 종교를 위해 싸운다'고 했다. 즉, 본격 생계형 용병이었던 셈이다. 전투력은 라이슬로이퍼에 비해 상당히 낮았던 것으로 전한다. 전쟁사 연구자들은 '이탈리아전쟁에서 란츠크네히트의 활동을 살펴보면 병력의 양적인 우세를 유지하는 것 외의 장점은 없었다'고 쓰고 있다.

그렇기에 이탈리아전쟁이 끝나고 나자 란츠크네히트는 먹고살 길이 막막해졌다. 엎친 데 덮친 격으로 라이벌이었던 스위스 용병이 다시 무대 전면에 나섰고, 밑에서는 신생 스페인 용병이 치고 올라왔다. 이들에 밀린 독일 용병 란츠크네히트는 유럽 구석의 지방 도시, 남미 외곽 등으로 활동 무대를 옮겼다.

우린 패션으로 승부해

독일 용병 란츠크네히트는 독특한 명성을 누렸다. 명성은 그들의 패션으로부터 온 것이었다. 아래 그림들은 16세기 당대의 것인데 지금 봐도 매우 화려하다. 이들은 어떤 연유로 이렇게 독특한 패션을 유지했던 것일까?

에르하르트 쇤의 목판화 속 독일 용병. 1530년경 추정

아마도 시작은 이랬을 것이다. 란츠크네히트는 통상 아내나 애인을 데리고 전장을 찾아다녔다. 따라다니던 아내와 애인은 전쟁터와 민간에서 물자와 장구류를 노획했다. 그들이 노획한 물건 중에는 화려한 색의 원단, 귀족들이 입던 옷도 있었을 것이다. 전장을 떠도는 신세에, 제대로

된 옷을 만들어 입을 형편이 안 되는 용병이 많았을 것이다. 그들 중 누군가는 주워온 원단 등을 이어 붙인 형태의 옷을 입고 다녀야 했을 것이다. 그리고 이것이 어떤 계기로 대유행이 된 것이 아닐까.

혹은 이랬을 수도 있다. 갑자기 추워진 어느 날 한 용병이 손에 잡히는 대로 무언가를 걸쳐 입었다. 술을 한 잔 걸친 상태였을 수도 있겠다. 그런데 우연히도 손에 잡힌 것이 화려한 원색의 천이 아닌가. 원래 입고 있던 옷은 걸친 것과 보색 대비이고 말이다. 이런 식의 추측이 아니고는 독일 용병 란츠크네히트의 패션 파격을 설명하기 어렵다.

어쨌든 16세기 후반부터 일부 란츠크네히트는 무용 武勇보다 패션에 더 신경을 썼던 듯하다. 스위스·스페인 용병에 달리는 전투력을 외양으로 메우려 한 것이다. 당대 왕가나 귀족가 중 일부는 전투 승패 같은 것에 별 관심이 없었고, 화려한 복장으로 무장한 란츠크네히트를 고용하여 부를 과시하고 싶어 했다. 그러자 다른 군소 용병 집단들도 란츠크네히트처럼 화려하고 장식 많은 복장을 입기 시작했다.

17세기 중반 즈음부터 란츠크네히트는 '독일 용병'이 아니라 '용병들이 입는 화려한 복장'을 의미하는 용어가 되었다.

용병이 입는 화려한 복장으로서의 란츠크네히트

란츠크네히트 디자인의 특징은 '슬래시 slash'와 '퍼프 puff'로 요약할 수 있다. 슬래시는 대비가 강한 색의 천을 겹친 후 바깥 감을 잘라 slash 안감이 드러나게 하거나, 보색 관계 천을 번갈아 잇는 재단 방식이다. 퍼프는 품의 여유를 과장되게 늘리고 인체의 관절 구동부만 몸에 맞게 조여 마치 풍선옷을 입은 것처럼 부풀게 puff 만드는 것이다. 다음 사진 속 인물들의 옷을 보면 슬래시와 퍼프의 특징을 한 눈에 알 수 있다.

오늘날 복식사를 연구하는 이들은 란츠크네히트의 '슬래시 앤 퍼프 slash & puff' 기법이 르네상스 복식 전반에 깊은 영향을 미쳤다고 평가하고 있다.

상_ 1525년 파비아 전투 재현 행사. 프랑스와 로마의 힘 대결이었던 이 전투에서 란츠크네히트는 로마 측에 고용되어 싸웠다.
하_ 1569년 무명작가가 그린 《젊은 여인》. 슬래시 앤 퍼프 기법의 드레스를 입고 있다.

만화 속 백설공주가 입은 드레스 상의에서도 슬래시 앤 퍼프 기법을 찾아볼 수 있다.

독일 용병은 사라지고 그들의 패션 란츠크네히트는 남았다

자, 이제 스위스 근위대와 그들의 근무복 얘길 좀 해보자. 지금까지 설명한 내용을 중심으로 간단히 정리하면 다음과 같다.

바티칸시 소속으로 교황 경호 임무를 맡고 있는 스위스 근위대는 스위스 용병 라이슬로이퍼의 전통을 계승했다. 그런데 이들이 입는 복장의 통칭은 독일 용병을 뜻하는 란츠크네히트이다. 어떻게 된 일일까. 17세기부터 란츠크네히트는 '용병들이 입는 화려한 복장'이란 뜻으로 더 널리 사용되었기 때문이다.

의문이 풀렸으니 용병들이 입는 화려한 복장 란츠크네히트를 입은 스위스 근위대의 멋진 모습을 본격적으로 감상해보자.

성 바울 6세 홀과 광장에서 선서식을 하는 모습

2005년 4월 19일, 바티칸시의 교황 선거장 앞에 도열한 모습

중세시대 갑옷으로 무장한 채 행진하는 모습(상), 막사에서 갑옷을 입는 모습(하)

란츠크네히트 Landsknechts

상_
근위대의 제식에서 볼 수 있는 무기의 이름은 할버드 halberd이다. 스위스 용병이 애용했던 무기인데, 찌르고 가르고 찍고 잡아채는 등 다양한 용도로 쓸 수 있다.
좌_
머리에 쓴 것은 모리온Morion 투구인데 16세기 스페인 으로부터 유래했다.

란츠크네히트 Landsknechts

상단 두 사진은 1914년까지의 란츠크네히트이며, 하단 두 사진은 이후 현재까지의 그것으로 디자인이 다르다. 컬러는 소위 메디치 컬러Medici colours라고도 하는 밝은 청, 황, 적색이다.

바티칸에 가면 위 사진처럼 청색 옷을 입은 대원들을 볼 수 있다. 이 복장은 행사, 제식, 경호가 아닌 일반 활동을 할 때 입는 '일반 근무복'이다. 최종 선발 과정을 아직 통과하지 않은 후보생들도 이 옷을 입는다.

12
멜빵바지 Bib-and-Brace

전시 노동자들을 위한 유니폼 같은 옷

멜빵바지의 뜻은?

    표준국어대사전에 의하면 멜빵바지의 '멜빵'은 순우리말이며 '짐 따위를 어깨에 걸어 메는 끈', '바지, 치마 따위가 흘러내리지 않도록 어깨에 걸치는 끈'이라고 한다. 즉, 멜빵바지란 '어깨에 메는 끈이 있는 바지'이다.
    그러면 우린 이 옷을 언제부터 입었을까. 신문 기사를 검색해보니 1931년 동아일보 칼럼에 "허리띠를 하지 말고 멜빵을 하는 것이 위생상 조흡니다"라는 문장이 나온다. 탈착형 멜빵은 이즈음에 유행했나보다.
    그 뒤로도 신문에는 주로 탈착형 멜빵의 유행, 용도 등에 대한 기사만 나오다가 1967년 드디어 "아기옷 만들기"란 코너에 '장난꾸러기 멜빵바지'가 소개된다. 이후로도 한동안 이 옷을 아동용 옷, 추석빔 이상으로 보

영화《모던 타임즈》속의 찰리 채플린. 멜빵바지를 입고 있다.

지 않았다.

성인용 멜빵바지가 국내에서 큰 화제가 된 건 1988년이다. 43년 만에 수입이 허가되어 개봉된 영화《모던 타임즈》에서 주연 찰리 채플린이 멜빵바지를 입고 나온 것이다.

그런데 그다지 긍정적인 이미지를 심어주진 못했다. 찰리 채플린이 보여준 역할 그대로 멜빵바지에 '막노동', '바보' 이미지가 덧씌워졌기 때문이다. 1989년 3월 22일자 한겨레신문은 "어른 코미디언들이 멜빵 달린 바지를 입고 바보시늉"을 하고 있다고 쓰기도 했다. 시대가 그러했다.

멜빵바지, 빕 앤 브레이스

멜빵바지는 영어로 'bib-and-brace'다. 'bib'의 뜻은 '가슴 받이', 'brace'는 '메는 끈'이니 '가슴 받이와 메는 끈이 있는 바지' 정도 되겠다.

1) 리바이스 스트라우스의 데님 오버올

멜빵바지의 시작은 데님으로 만든 '오버올 overall' 즉, 위아래가 통으로 붙은 옷이었다. 리바이스 Levi's의 창업자인 리바이 스트라우스 Levi Strauss가 1895년경 처음 만들어 판매했다. 데님 오버올은 그들이 쓴 광고 문구대로 '찢어지지도 닳지도 않는' 훌륭한 작업복이었다. 그러나 상의와 하의가 붙어 있으니 땀이 잘 찼고 그렇게 되면 몸에 달라붙어 활동성이 좋지 않았다.

리바이스의 데님 오버올

2) H. D. 리의 유니온-올

리바이스의 데님 오버올을 개량해서 대박을 친 것이 패션업체 리 Lee 의 창업자 H. D. 리이다. 상품명은 유니온-올 Union-All인데, 아래의 사진처럼 데님 오버올의 팔과 등 부위를 잘라내어 통기성과 활동성을 높인 초기형과 오늘날 우리에게 익숙한 멜빵바지 형태의 완성형이 있다.

좌_ 리의 초기형 유니온-올
우_ 리의 완성형 유니온-올

멜빵바지 Bib-and-Brace

제1차 세계대전과 멜빵바지

제1차 세계대전 발발과 함께 리의 멜빵바지 전성기가 시작됐다. 이를 미 전쟁부(지금의 국방부)가 작업복, 정비복으로 지정하여 대량 구매, 보급했기 때문이다.

미 전쟁부는 전시 근로자로 일하는 여성들에게도 멜빵바지를 지급했다. 이 시기 많은 여성들이 공장 일도 하고 집안일도 하는 고된 가장家長 역할을 했다. 멜빵바지가 일하는 여성의 상징이 된 것은 이 때문이다.

1917년 미국의 한 여성 잡지에 실린 사진. 철도창 근로 여성이 멜빵바지를 입고 있다

1916년 멜빵바지를 입고 집안일을 하는 네덜란드 여성

제2차 세계대전과 멜빵바지

제1차 세계대전기에 멜빵바지를 입어 본 사람은 단번에 알았을 것이다. 이만큼 노동에 적합한 옷도 없다는 것을 말이다. 사진작가 워커 에반스 Walker Evans는 1930년대 미국을 돌며 멜빵바지 입은 사람들을 찍었다. 이 사진을 보면 마치 당대 미국인 남성 모두가 멜빵바지를 입은 것만 같다.

1930년대 멜빵바지를 입은 미국사람들

1939년 제2차 세계대전이 발발했다. 참전국 여성들은 다시 멜빵바지를 입고 일터로 나갔다. 물론 일터로만 나간 것은 아니다. 미국의 경우 35만 명의 여성이 참전했다. 참전 여성 대다수는 본토 군수공장에 근무했는데 1943년 현재, 미 항공산업에 종사하는 이의 65퍼센트가 여성이었다.

미 정부는 여성의 근로를 독려하기 위해 "리벳공 로지 Rosie the Riveter"라는 캐릭터를 만들어 전국적으로 홍보했다. '로지'는 당시 국가 정책과 국민 정서가 합쳐져 탄생한 '일하는 애국 여성'이었다. 당대에 만들어진 포스터, 사진에서 리벳공 로지는 데님 상하의나 멜빵바지를 입고 등장했다.

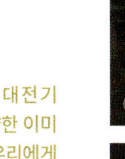

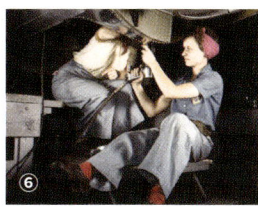

①②③제2차 세계대전기 '리벳공 로지'의 다양한 이미지. ①번 이미지는 우리에게도 친숙하다.
④⑤⑥제2차 세계대전 당시 '일하는 애국 여성'을 홍보, 격려하기 위한 사진들, ⑦번은 실제 리벳공으로 일하던 여성들의 모습

멜빵바지 Bib-and-Brace

멜빵바지와 여성

제2차 세계대전기 멜빵바지는 여성의 복장 선택 자유에 영향을 미쳤다. 그러나 이는 일시적인 것이었다. 전쟁이 끝나자마자 여성은 다시 치마를 입어야 했다. 일부 특별한 활동(승마 등의 스포츠, 육체노동)을 할 때가 아니면 여성이 바지를 입는 것은 사회적으로 허용되지 않았다.

일상에서 여성이 바지를 입는 것은 1960년대 여성운동과 1970년대 사회 변혁을 통과한 후의 일이었다.

멜빵바지 ABC

멜빵바지의 특색 중 하나는 가슴 받이에 달린 앞주머니이다. 이는 1905년 처음 등장했다. 앞주머니 형태는 큰 주머니가 가운데 달리거나 작은 주머니가 한쪽에 치우쳐 재봉된 것 등 다양했다. 종종 주머니 한 켠에 슬릿 포켓 **slit pocket; 세로 주머니**이 보이는데 이는 회중시계 보관용이었다. 그러다가 1915년을 전후해서 슬릿 포켓이 없어졌고, 1940년대 이후로는 대부분 '가운데 큰 주머니 하나'로 통일됐다.

멜빵바지는 멜빵이 바지 뒤쪽에 어떻게 결속되느냐에 따라 하이-백, 로우-백, 베스트-백 스타일로 나뉜다. 하이-백은 바지와 멜빵 일체형, 로우-백은 바지와 멜빵 분리형이다. 베스트-백은 가슴께까지 올라오는 허리 긴 바지와 멜빵이 일체인 형태다.

바지와 멜빵 연결에 사용되는 단추도 특색 있다. 바지에 금속제 단추가 달려있고 멜빵에 걸쇠가 연결되어 있으나 그 반대인 경우도 종종 있다.

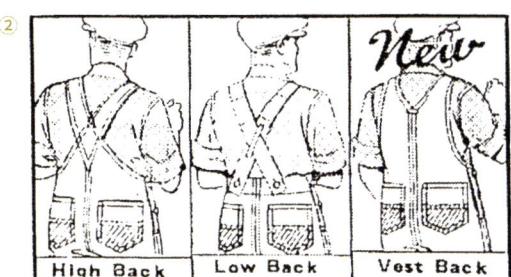

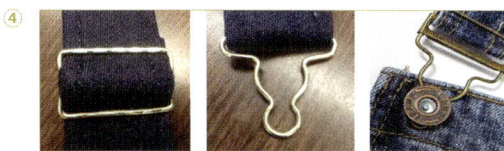

① 멜빵바지의 다양한 앞주머니 형태
② 결속 형태에 따른 멜빵 구분
③ 다양한 형태의 단추(아래)와 걸쇠(맨 위). 중간은 줄의 길이를 조절하는 루프loop다.
④ 좌측부터 루프, 걸쇠, 걸쇠를 단추에 연결한 모습

멜빵바지 Bib-and-Brace

대중 문화 속의 멜빵바지

지금까지 알아본 것처럼, 멜빵바지는 수백 년 동안 미국 노동자들의 상징이었다. 그런데 이런 이미지를 간단히 뒤집은 사건이 있었다. 사건의 이름은 바로《에덴의 동쪽 East of Eden》이다. 제임스 딘이라는 인물을 세상에 알린 엘리아 카잔 감독의 1955년 작이다.

영화에서 제임스 딘은 캘리포니아 농장주의 반항적인 둘째 아들로 나오는데, 멜빵바지를 입은 그의 모습은 노동자가 아니라 마치 화보에서 그대로 걸어 나온 모델의 포즈를 연상케 했다.

《에덴의 동쪽》에서
제임스 딘의 모습

13
추카 부츠 Chukka Boots

전투화의 조상은 세상 편한 신발이었다!

추카 부츠 호칭의 유래는?

190년 된 영국 유명 신발 브랜드 클락스 Clarks의 대표 제품은 추카 부츠 Chukka boots이다. 단순하고 세련된 디자인으로 오랫동안 세계인의 사랑을 받고 있는 패션 아이템이다.

오늘날 추카 부츠는 목이 짧고 아일렛 eyelet; 끈 구멍이 두 개인 스웨이드 구두를 일컫는 일반적 호칭이 되었다. 그런데 왜 '추카' 부츠일까?

추카 부츠

폴로 경기 유래설

뚜렷이 남아있는 기록은 없는데, 많은 매체는 '추카 부츠' 명칭이 폴로 polo 경기에서 유래했다고 쓰고 있다. 19세기 말 폴로 선수들이 경기용 신발로 선택했던 조드퍼 부츠 Jodhpur boots의 개량형이 추카 부츠라고 보는 것이다. '추카'는 폴로 경기의 '한 라운드'를 뜻하는 용어이다.

추론이 여기에서 끝났으면 좋았을 텐데 뒤에 달린 사족 蛇足이 폴로 경기 유래설의 신빙성을 떨어뜨린다. 폴로 선수들이 경기에서는 조드퍼 부츠를 신고, 경기장 밖에서는 추카 부츠를 즐겨 신었다는 것이다.

그럴싸하지만 억지 설명이다. 귀족 스포츠인 폴로 경기는 복장 규율이 엄격했다. 경기 복장을 입은 선수는 장소 불문 목이 긴 승마 부츠를 신었다. 또한 폴로 경기용 부츠의 중요한 기능 중 하나는 부상 방지였다. 이를 개량했다 한들 즐겨 신고 다닐 정도는 안 되었을 것이다.

위에서처럼 폴로 경기용 조드퍼 부츠를 짧게 잘라 신고 다니는 이들이 꽤 있었다. 사진은 1950년대의 것

상_ 1940년대 조드퍼 부츠 광고
중_ 19세기 초 영국-인도인으로 구성된 폴로팀의 모습
하_ 1920년대 미국 폴로팀 기념 사진

추카 부츠 Chukka boots

펠스쿤 유래설

추카 부츠의 유래에 대한 또 다른 설이 있는데 다음과 같다. 제2차 세계대전 당시 아프리카 주둔 영국군은 현지에서 대체품을 찾아 자급자족해야 했다. 그중 전투화의 대체품으로 선택된 것이 '펠스쿤 veldskoen 혹은 veldtschoen'이었다.

펠스쿤은 원래 남아프리카 코이산 Khoisan 부족의 바느질 기법 명칭이었다. 겉가죽과 밑창을 바깥으로 꿰매는 방식인데 이렇게 만든 신발은 안쪽에 솔기가 없어 걷고 뛰기 좋았다.

펠스쿤을 신어본 영국 군인들은 그 편안함을 잊지 못했다. 그리하여 아프리카 주둔 영국군이 찾아낸 이 보석 같은 부츠는 장교들의 입소문을 타고 대유행이 되었다. 클락스의 창업주 네이슨 클락스도 펠스쿤을 하나 구해 신었다. 그는 당시 장교로 버마(지금의 미얀마)에서 복무 중이었다.

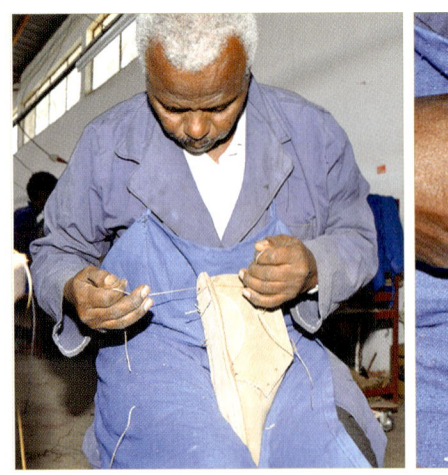 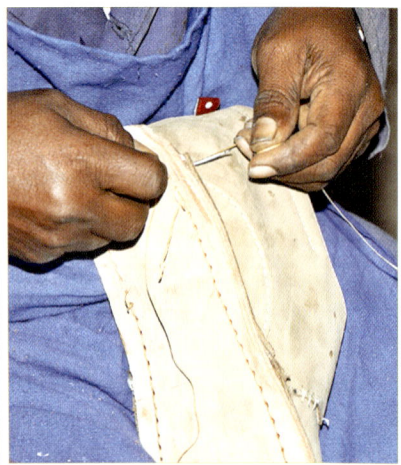

펠스쿤 기법으로 바느질 하는 장면

클락스가 펠스쿤으로부터 아이디어를 얻어 추카 부츠를 출시한 것은 명확하다. 그러나 왜 이름을 '추카 부츠'라고 붙였을까? 아마 클락스는 '펠스쿤'이 무슨 뜻인지 알 수 없었을 것이다. 펠스쿤의 원산지는 인도양을 건너 거의 1만 킬로미터나 떨어져 있는 아프리카였다. 무슨 뜻인지도 모르는 '펠스쿤'을 상품명으로 쓸 수는 없었다.

도통 알 수 아프리카 말 대신 클락스는 당대 인기 스포츠인 폴로의 용어를 쓰기로 했다. 그것이 상품 홍보에 훨씬 큰 도움이 될 것이기 때문이었다. '펠스쿤' 대신 '추카'를 부츠 이름으로 선택한 뒷이야기가 이러하다.

아래 사진은 추카 부츠이다. 좌측은 오늘날 판매되고 있는 모델들이고 우측은 초기 제품이다. 디자인, 제작 방식 측면에서 둘 사이에 거의 차이가 없는 것을 확인할 수 있다.

추카 부츠

펠스쿤

위 사진은 '펠스쿤'이다. 좌측은 남아프리카 코이산 부족이 만든 오리지널 펠스쿤의 재현품이고 우측은 현재 상품명 '펠스쿤'으로 판매되고 있는 것이다. 얼핏 봐도 오리지널 펠스쿤과 판매용 펠스쿤, 추카 부츠가 상당히 유사하다는 것을 알 수 있다.

펠스쿤, 덕 부츠, 추카 부츠

네이슨 클락스가 생소한 '펠스쿤' 대신 폴로 용어 '추카'를 쓰기로 한 것처럼, 아프리카 주둔 영국군 역시 대체어를 찾고 있었다(펠스쿤의 영어식 철자는 veldskoen으로, 표기 자체도 쉽지 않았다). 이런 고민이 한창일 때 이미 병사들은 펠스쿤을 '덕 부츠 Duck Boots'라 부르고 있었다.

덕 부츠는 1911년에 오리 사냥용 방수 부츠로 나온 당대 히트 제품이었다. 전장의 병사들이 새로 받은 보급품에 유머러스한 이름을 제멋대로 붙이는 것은 흔한 일인데, '덕 부츠'는 모양새까지 흡사하니 호칭으로 '딱'이었다. 그래서 영국군은 한동안 '덕 부츠'라는 별칭을 사용했다.

① 남아프리카 원주민이 펠스쿤을 신은 모습(이미지 샷)
② 덕 부츠 착용 이미지 샷
③ 덕 부츠의 잡지 광고

그런데 1950년대에 재미있는 해프닝이 하나 벌어졌다. 일선의 A 부대가 상급 부대에 부츠 추가 보급을 요청하면서 "덕 부츠를 더 보내달라"고 연락했다. 그런데 상급 부대 보급 담당자는 일선의 돌아가는 상황을 잘 몰랐다. 그래서 진짜 시중에서 파는 영국제 덕 부츠를 보냈다.

A 부대와 상급 부대 담당자 사이에선 이런 대화가 오갔을 것이다.

"진짜 덕 부츠를 보내면 어떻게 합니까?"
"너희가 덕 부츠 보내달라며?"
"일선 상황을 이렇게 모릅니까? 덕 부츠는 '추카 부츠' 말하는 겁니다."
"아! 그럼 '추카 부츠 보내주세요' 해야지, 왜 '덕 부츠'라고 해서
 헷갈리게 해?"

어쨌든 위와 같은 해프닝으로 1950년대부터 영국군은 펠스쿤, 덕 부츠, 추카 부츠 등으로 불리던 호칭을 추카 부츠로 통일했다.

좌_ 1950년대 덕 부츠 우_ 1940년대 군용 추카 부츠의 재현품

자고새

그런가하면 이런 일도 있었다. 이것은 호칭이 추카 부츠로 통일된 후, 일선의 B 부대와 상급 부대 간에 있었던 해프닝이다.

"추카 부츠 좀 더 보내주십쇼."
"뭐? '추카 부츠'? 그게 뭐야? 철자 불러봐."
"C-h-u-k-k-a 요. 아프리카어래요."
"너 장난하는 거 아니야?"

철자가 생소하고 출처가 아프리카어이다 보니 위에서처럼 의사소통에 문제가 있었다. 그러다 누가 아이디어를 냈는지 'chukka' 대신 '자고새'를 뜻하는 'chukar'를 썼다. 그래서 오늘날 '추카 부츠'라고 할 때는 chukka를 쓰기도 chukar를 쓰기도 한다.

추카 부츠와 영국군 전투화

추카 부츠의 원형인 펠스쿤은 남아프리카의 척박한 환경에서 야지 및 사냥 활동을 하기 위해 만들어진 것이었다. 영국군은 처음에는 대체품이 마땅치 않아 이것을 가져다 신었지만, 나중에는 그 실용성에 매료되어 선호했다.

펠스쿤의 군사적 가능성을 영국군보다 먼저 알아본 곳이 있었는데, 바로 영국의 가죽 제화업체 로터스 Lotus사이다. 로터스사는 제1차 세계대전 직후 코이산족의 바느질 기법을 연구-적용하여 '펠스쿤 더비 부츠 Veldtschoen Derby boots'를 출시했다. 여기에서 '더비'는 구두를 재단하는 방식이다. 구두 구멍이 있는 아일렛 부위를 발등 부위인 '뱀프 vamp' 위에 결착하는 것이다. 아래 사진을 보면 이해가 빠를 것이다.

제2차 세계대전이 발발하고 얼마 지나지 않아 영국군은 로터스사와 계약을 맺고 펠스쿤 더비 부츠를 신임 장교들에게 대량 공급하기 시작했다. 이것이 오늘날 우리가 '전투화'하면 머리에 떠올리는 바로 그 신발의 시작이다.

좌_ '더비'란 사진에서처럼 아일렛(노란 점선)이 뱀프(녹색 점선) 위로 올라가게 재단하는 것이다.
우_ 제2차 세계대전 당시 영국 육군 장교에게 보급되었던 펠스쿤 더비 부츠

Lotus and Delta News   7   1st January 1915

How Lotus Nos 359 and 659 are made

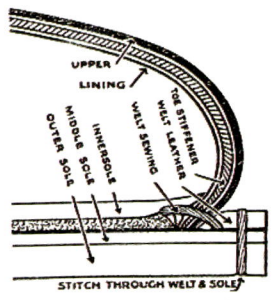

No 1—Ordinary Welted

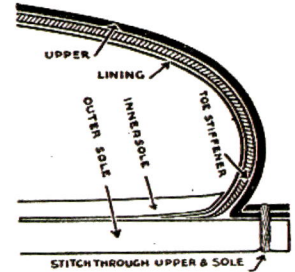

No 2—Plain Veldtschoen

These diagrams show the various stages in the evolution of the Lotus Welted-Veldtschoen Boot. No. 1 illustrates a section of a plain Welted boot with upper lasted inwards, No. 2 an ordinary Veldtschoen with upper lasted outwards and No. 3 the Lotus combination of the two processes. It will be clear from a glance at No. 3 that this combination is secured by the use of two uppers, an outer and an inner. No. 4 is a section of Lotus Shooting Boot No. 359 or 659.

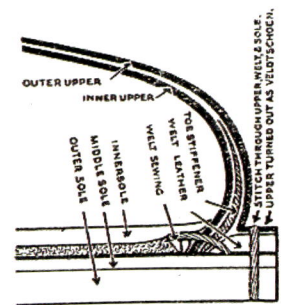

No 3—Welted-Veldtschoen

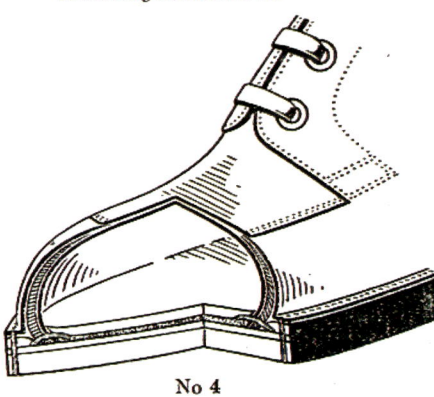

No 4

로터스사의 펠스쿤 더비 부츠의 제작 기법

추카 부츠 Chukka boots

14
티셔츠 T-Shirt

팔은 짧지만 그 역사는 엄청나게 길다

티샤쓰, 티셔츠, 티셔트

'T-shirt'의 바른 발음, 표기는 '티셔츠'가 아니라 '티셔트'이다. 그런데 국어사전에 보면 표준어로 등록된 발음, 표기는 '티셔츠' 혹은 '티샤쓰'이다. 왜일까?

'티샤쓰' 표기는, 다른 많은 외래어와 마찬가지로 일본식 발음을 한글로 옮기면서 굳은 것이다. 1962년 9월 20일 경향신문에 보면 "스포츠 티샤쓰 빛깔은 짙은 게 인기", "티샤쓰는 늠름한 몸매에 어울린다" 등의 기사가 있다. 1990년대까지 우리는 'T-shirt'를 '티샤쓰'라고 불렀다.

여기서 흥미로운 것은 'T-shirt'의 일본식 발음이 '티샤쓰'가 아니라 '티샤츠 ティーシャツ'라는 것이다. 't'를 'ト(또)'가 아닌 'ツ(츠)'로 표기한 이유는, 'pants'의 'パンツ(판츠)'와 운을 맞춘 것이다. 한국은 또 한국대로 'ッ(츠)'를 '쓰'로 써왔기 때문에 '티샤츠'라 하지 않고 '티샤쓰'로 옮겨 쓴 것이다. 이를 표로 정리해보면 다음과 같다.

구분	영어	일본어	1999년 이전 한글	1999년 이후 한글
표기	T-shirt	ティーシャツ	티샤쓰	티셔츠
한글발음	티셔트	티샤츠		

'T-shirt' 발음 및 표기 정리

    한글 표기 '티샤쓰'는 영어 원발음과도, 일본어 발음과도 달랐다. 그런데 1999년 국립국어원이 '국어의 로마자 표기법 개정안'을 내놓으면서 한글 표기가 다시 한 번 꼬인다. '티샤쓰'를 '티셔츠'로 바꾸었는데, 이는 영어 발음과 일본어 발음이 반반씩 섞인 더 이상한 것이었다. 이상하긴 하나, 현재 표준 표기와 발음은 '티셔츠'이니 그렇게 쓰는 것 외에 다른 도리가 없다.

T-shirt	ティーシャツ
티셔트	티샤츠
티셔츠	

'티셔츠'는 영어와 일본어 발음을 반반 섞은 것이다.

    티셔츠의 발음, 표기 유래를 서두부터 길게 썼는데, 패션 그 자체로서 티셔츠의 역사도 만만찮게 복잡하고 길다.

샐러리맨을 위한 속옷 유니온 수트

19세기 말, '유니온 수트 Union Suit'라는 속옷이 미국에서 크게 유행했다. 면 소재로 된 위-아래 한 벌의 유니온 수트는 보온력과 땀 흡수력이 뛰어났다.

유니온 수트는 한 겨울에 바깥을 돌아다녀야 하는 샐러리맨에게 '딱'이었다. 미국인들은 겨울 오기 전 직장인에게 유니온 수트를 선물했다. 마치 우리가 예전에 부모님께 내복을 선물했던 것처럼 말이다.

좌_ 유니온 수트는 몸에 딱 맞는 수트와 한 쌍으로 디자인 된 속옷이었다.
우_ 초기 유니온 수트의 지면 광고물

유니온 수트의 원형은 여성용 속옷

아마 유니온 수트를 입는 샐러리맨 대다수는 이렇게 생각하지 않았을까. '도대체 이거 위-아래를 누가, 왜 붙여놓은 거야?' 단 한 번이라도 이와 비슷한 디자인의 옷을 입어 본 사람은 알 것이다. 위-아래가 붙은 옷은 매우 불편하다. 움직이다보면 가랑이 사이가 끼어 불편하다. 특히 화장실 갈 일이 있을 때 매우 곤란하다. 겉에 입은 옷을 전부 벗어야 속옷을 벗을 수 있기 때문이다.

이렇게나 불편한데, 유니온 수트의 위-아래를 왜 붙여놓은 이유는 무엇이었을까? 이유는 생각보다 단순하며 엉뚱하다. 유니온 수트의 원형이 여성용 속옷 '컴비네이션 combinations'이었기 때문이다. 그러니까, 여성용 컴비네이션의 가슴, 허리, 엉덩이 사이즈 비율만 살짝 바꿔 남성용으로 내놓은 것이 유니온 수트라고 보면 된다.

남성용 유니온 수트(좌)와 여성용 컴비네이션(우)를 함께 등장시킨 광고

그래도 여전히 질문은 남는다. 그렇다면 컴비네이션은 왜 위-아래를 붙여 놓았을까? 그 이유는 의외인데, 위-아래를 붙이는 것이 더 편했기 때문이다. 그림을 보면 이해가 빠르다.

아래 그림은 빅토리아 시대의 전형적인 여성 속옷이다. 19세기 빅토리아 시대의 여성 복장에는 장식, 매듭, 조임이 많아 무겁고 답답했다. 그런데 위 그림에서처럼 속옷마저 장식, 매듭, 조임이 가득했으니 여성은 집 밖이든 안이든 무겁고 답답함을 계속 참아야했다.

이 고통의 연결고리를 끊은 것이 컴비네이션이었다. 위-아래를 하나로 하여 중간 부위의 매듭, 조임을 없앴다. 얼마나 편했던지 여성들은 이 속옷을 '해방'이라고 표현했다.

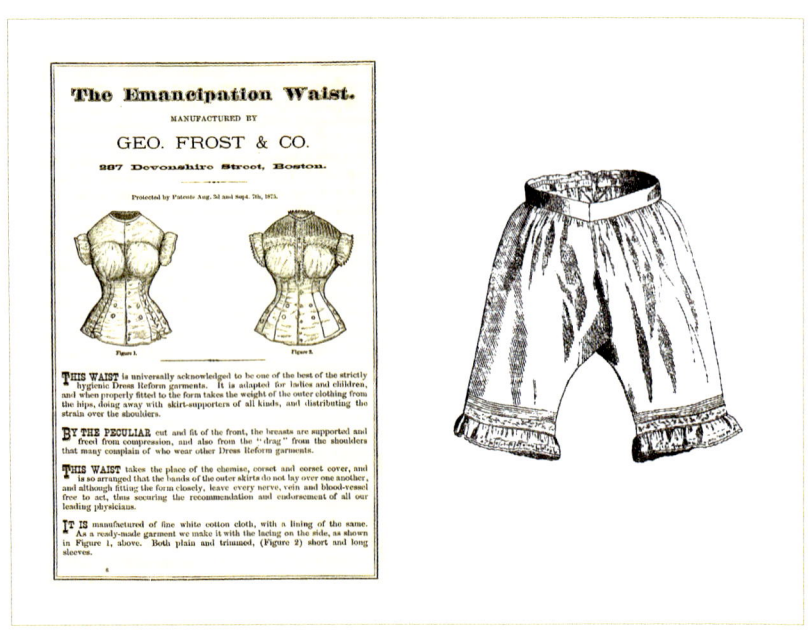

빅토리아 시대의 전형적인 여성 속옷

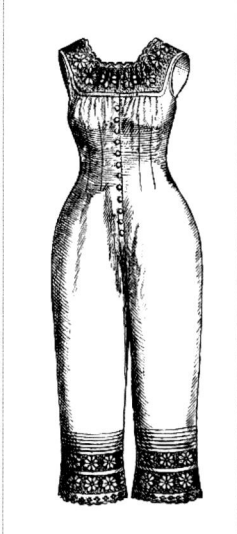
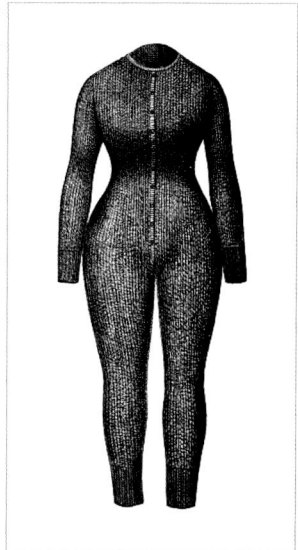
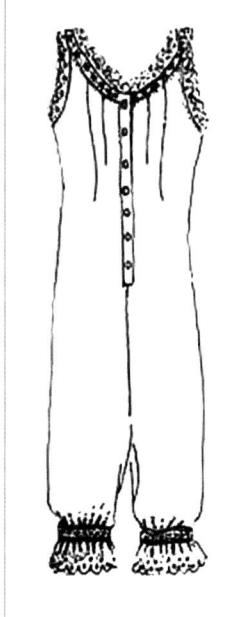

상_ 컴비네이션은 장식, 매듭, 조임이 없는 편의성 중심의 속옷이었다.
하_ 1893년 형 콤비네이션 속옷의 스케치(좌), 콤비네이션 속옷으로 유명했던 닥터 재거의 상표 및 광고(우상, 우하)

백인 노동 계급의 상징이 된 유니온 수트

아래 왼쪽의 사진은 1930년대 잡지 광고이다. '정장 속 또 하나의 격식 있는 수트', '몸매 보정 효과' 등을 내세워 유니온 수트를 홍보했다. 손에 든 파이프 담배, 신문과 안경을 보건대 유니온 수트가 타겟으로 했던 주요 고객층은 백인 지식인층이었다.

그런데 영화, 드라마를 보면 백인 지식인층이 아니라 카우보이, 광부, 농부와 같은 백인 노동 계급이 유니온 수트를 입고 등장한다. 단순한 영화적 장치로만 그랬던 것은 아니다. 실제 유니온 수트의 열렬한 구매층은 백인 노동 계급이었다.

좌_ 1930년대 한 잡지의 유니온 수트 광고   우_ 뮤지컬 영화 《7인의 신부》에 등장하는 7명의 형제들. 아래 사진을 보면 때가 꼬질꼬질한 유니온 수트를 입고 있다.

20세기 초까지 미국 노동자 계급 상당수가 유니온 수트를 속옷, 방한 내복, 잠옷, 집에서 입는 작업복을 겸해서 입었다. 왜 그랬을까? 몸에 익어서 편했기 때문이다.

당시 노동자 계급은 자녀에게 실내복을 별도로 사 입힐 경제적 여유가 없었다. '다둥이' 집안의 경우는 더 그랬을 것이다. 이런 상황에서 유니온 수트 한 벌은 노동자 계급 자녀의 사시사철 속옷, 방한 내복, 잠옷, 작업복을 두루 겸했다. 이것이 몸에 익어 어른이 되어서도 늘상 유니온 수트 차림으로 집 안팎을 돌아다닌 것이다.

유니온 수트를 입은 미국 가정의 자녀들

유니온 수트의 위-아래를 분리한 내복 롱 존스

위-아래가 붙은 유니온 수트는 매우 불편했다. 그래서 나온 첫 번째 개량 아이디어가 '엉덩이 덮개'를 단 것이다. 말 그대로 엉덩이 부분에 단추를 달아 그 부분만 열고 닫을 수 있도록 했다.

상_ 영화에서 유니온 수트를 입고 있는 스펜서 트레이시(좌)와 클라크 게이블(우). 트레이시가 입고 있는 것이 엉덩이 덮개 달린 개량형이다.
하_ 엉덩이 덮개 부분을 뒤에서 본 모습. 왜 속옷을 입고 당구를 치는지는 알 수 없다.

롱 존스의 탄생

1898년 마일스 스탠필드라는 캐나다인이 '위-아래가 하나로 붙은 속옷의 불편함은, 위-아래를 분리하면 해결된다'는 단순한 착상을 실행에 옮겼다. 유니온 수트의 위-아래를 분리하여 '롱 존스 Long Johns'란 제품명으로 판매하기 시작했다. 처음엔 별 반응이 없다가 1915년 특허와 상품권을 획득하면서 날개 돋친 듯이 팔리기 시작했다.

그런데 왜 제품명을 롱 존스라고 했을까. 회자되는 이유는 두 가지다. 첫째, 롱 존스가 오리지널 모델로 삼았던 제품이 영국 존 스메들리 John Smedley의 유니온 수트였기 때문이다. 존 스메들리는 지금도 235년의 전통을 자랑하며 고급 니트 속옷을 생산 판매하고 있다. 둘째, 함께 사업을 했던 마일스 스탠필드의 동생 이름이 존 스탠필드였기 때문이다.

그렇지만 여전히 왜 '롱 존스'라고 이름 붙였는지는 의문이 남는다. 이에 대해서는 다음과 같이 추측해본다.

마일스 스탠필드는 당대 권투 세계챔피언이었던 존 설리반 John L. Sullivan의 유명세를 마케팅에 활용하고자 했던 것으로 보인다. 존 설리반은 아래 사진처럼 레깅스 같은 경기복을 입고 시합에 나섰다. 무릎 아래까지 오는 6부 바지 스타일의 디자인이었다. 마일스 스탠필드가 고안한 속옷 바지의 길이는 그보다 길어 발목 위까지 왔다. 그래서 '존 John Sullivan의 경기복보다 길다 long'는 뜻에서 'Long John's'라고 불렀을 것이다.

존 설리반의 사진(좌)과 세계 챔피언 획득 후 만들어진 판매용 포스터(우)

노동자의 작업복이 된 롱 존스 상의

: 속옷에서 작업복으로, 실내복에서 다시 일상 패션으로

1898년 개발된 히트상품 '롱 존스'는 그 전신 '유니온 수트'가 그랬던 것처럼, 미국 노동자 계급의 속옷, 방한 내복, 잠옷, 작업복을 겸했다. 특히 고온다습하고 시커먼 먼지와 기름이 수시로 묻는 공장, 탄광, 엔진실의 노동자는 롱 존스 상의만 입고 일을 했다.

그런데 직장에서 속옷만 입고 일하는 것은 20세기 사회 관념에 어긋났다. 지정된 근무복 혹은 단정한 정장을 갖춰 입고 일하는 것이 정상이었다.

그래도 어떻게 하나. 롱 존스 상의가 너무나 편한 걸. 실내 노동자뿐 아니라 덥고 먼지 많은 곳에서 고된 작업 하는 대부분의 육체노동자들이 롱 존스 상의를 입고 일하게 되었다.

1940년대에 판매된 롱 존스(좌측), 팔소매를 반으로 자른 롱 존스 개량형(우측)

미 해군의 보급용 반팔 속옷, 티셔츠의 등장

한편 미 해군은 1913년 병사들에게 롱 존스 상의의 팔을 짧게 자른 '반팔 속옷 상의'를 나눠주었다. 목 주변을 라운드 처리하고 어깨 아래에서 팔을 잘랐으며 소재는 순면이었다.

상_ 1913년경 반팔 속옷 상의를 입은 미 해군 병사의 모습   하_ 제2차 세계대전 말기 총을 멘 채 빨래를 하고 있는 미 해병대원. 오른쪽 대원의 상의가 초기 형태의 티셔츠이다. 지금과 크게 다를 것이 없다.

사람들은 이 속옷을, 보급 gob 용이라고 해서 'gob-shirt' 혹은 'T'자 모양으로 생겼다고 해서 'T-shirt'라고 불렀다. 1920년 메리엄 웹스터 사전 등에는 'T-shirt'가 공식 명칭으로 등재되었다.

1920년대 초반까지만 해도 티셔츠는 여전히 속옷이었고 실내용이었다. 그러나 1920년대 중반부터는 달랐다. 티셔츠를 입고 야외에서 작업하는 사람들이 하나둘 보였다. 불편한 시선으로 보는 사람들이 많았지만 어쩔 수 없었다. 곤궁한 대공황 Great Depression 시대였기 때문이다. 티셔츠는 속옷 겸 겉옷이 되었다.

티셔츠의 진출

1) 군대에서 사회로

초기의 티셔츠는 '속옷이지만 겉옷으로 입는 것도 눈감아 주는' 상의였다. 티셔츠가 당당히 겉옷으로 인정받은 것은 1950년대부터이다. 제2차 세계대전과 말론 브란도 Marlon Brando 덕택이었다.

제2차 세계대전 참전 후 전역한 예비역들은 자신의 군복, 군장류의 일부를 가지고 집에 돌아왔다. 그들은 여러 이유에서 군복을 입고 생활했다. 튼튼한 군복 바지 위에 하얀 티셔츠를 입으면 본인은 편했고, 보는 이는 든든했다. 티셔츠는 이렇게 참전자들을 통해 세상으로 나왔다.

세상으로 나온 티셔츠를 소위 '핫한 잇템'으로 끌어올린 것은 영화배우 말론 브란도였다. 1951년, 동명의 연극을 영화화한 《욕망이라는 이름의 전차 A Streetcar Named Desire》에서 말론 브란도는 독선적이고 무례하며 폭력적인 남자 스탠리 코왈스키로 분하여 열연했다.

영화에서 말론 브란도는 줄곧 티셔츠를 입고 나오는데 이는 그가 참전자, 노동자, 이민자라는 것을 드러내는 영화적 장치였다. 개봉 후 말론

상_ 제2차 세계대전기 티셔츠를 입은 미 해병대원 **하**_ 한국전쟁기 미 육군의 속옷. 상의는 티셔츠, 하의는 쇼츠라고 불렀으며 둘을 합쳐 '스키비스skivvies'라고 불렀다.

브란도의 인지도와 함께 티셔츠의 인기도 수직 상승했다.

물론 브란도 외에도 제임스 딘, 엘비스 프레슬리가 티셔츠 대열에 동참하면서, 티셔츠는 젊은 반항아의 상징적 복장이 되었다. 이렇게 1950년대 중반부터 티셔츠는 '군인, 노동자들이 속옷으로도 작업복으로도 입는 옷'에서 '젊은이들이 편하게 일상에서 입는 복장'으로 이미지가 바뀌었다.

영화 속 말론 브란도(스탠리 코왈스키 역)의 모습

2) 남성 전용의 복장에서 보편적 문화로

1939년 영화《오즈의 마법사》시사회를 앞두고 누군가 아이디어를 냈다. 영화 소품 중 하나였던 초록색 "OZ" 이니셜 티셔츠를 참석자들에게 기념으로 나눠준 것이다.

이후 여러 영화사가 개봉 예정인 영화의 홍보 문구 등을 넣은 티셔츠를 대중들에게 나누어주었다. 홍보용 티셔츠를 입은 사람은 돌아다니는 광고판으로 활용하고자 했던 것이다.

1960년대에는 반정부·반전 운동을 하는 이들이 티셔츠를 대자보로 활용했다. 특히 차별 반대와 평등, 전쟁 반대와 평화를 외치던 히피들은 티셔츠에 문화와 상상력을 입혔다. 다양한 디자인과 컬러의 티셔츠가 이 시기에 쏟아져 나왔다.

1969년 우드스톡 축제를 기점으로 티셔츠는 다시 한 번 변모한다. 3일 동안 30만 명이 참여한 것으로 알려진 이 축제의 주제는 '평화와 음악'이었는데, 어떤 이들은 정치 사회적 구호 대신 자신들이 좋아하는 그룹 이름이나 곡 타이틀을 써 넣은 티셔츠를 입었다. 정치 사회적 메시지를 담은 대자보, 히피들의 자유로운 사상을 펼친 캔버스였던 티셔츠가 문화와 상품의 소재가 되는 순간이었다.

영화《오즈의 마법사》중 한 장면. 등장인물들이 초록색 "OZ" 이니셜 티셔츠를 입고 있다.

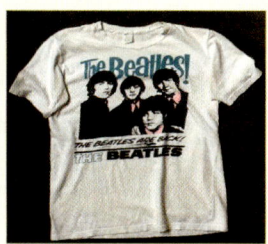

상_ 1960년대 비틀즈 티셔츠를 입고 비틀즈를 기다리는 소녀 팬들
하_ 좌상단으로부터 시계방향으로 우스스톡 축제, 비틀즈, 핑크플로이드, 롤링스톤즈의 빈티지 티셔츠

15
킬트 Kilt

시원한, 너무나 시원한 군복

스코틀랜드인으로 구성된 부대, 검은 정찰대

17세기에 창설된 영국 제42보병연대는 스코틀랜드 동북부 고지 출신으로 구성된 부대로 '검은 정찰대 Black Watch'란 별칭을 갖고 있었다. 검은 정찰대는 1881년 영국 군 구조 개혁 때 스코틀랜드 왕실 연대 제1대대로 재편되었다. 1931년에는 연대로 증편되었고 현재는 단독으로 전투 임무를 수행할 수 있는 여단 규모(연대전투단)로 운용되고 있다.

검은 정찰대는 두 가지로 유명하다. 하나는 전투력이다. 이들은 영국이 참전했던 전쟁에서 주로 선봉에 서왔으며 현대에도 1998년 코소보 분쟁, 2003년 이라크 전쟁에서 큰 전과를 세웠다.

다른 하나는 제식 복장이다. 검은 정찰대는 스코틀랜드 전통 복장인

18세기 중반의 검은 정찰대를 묘사한 작자, 시기 미상의 삽화

킬트 Kilt를 입었다. 킬트를 입은 이유는 자신들의 역사와 정체성을 잊지 않기 위해서였다. 기능적인 측면에서 본다면 킬트는 전투에 부적합한 옷이었다. 18세기의 기록을 보면 '전투가 시작되기 전에 킬트를 벗었다'고 적혀있다.

대大 킬트와 소小 킬트

전투 전에 벗어야 했던 킬트는 '대 킬트 great kilt'이다. 격자무늬의 큰 천을 몸에 통째로 두른 후 두꺼운 벨트로 묶어 고정시키는 방식으로 입었다.

존 라이트의 1683년 작, 《뭉고 머레이 경의 초상》. 그림 속 인물이 입고 있는 대 킬트는 특별히 길이를 5미터 정도로 늘려 맞춘 것이었다.

18세기 스코틀랜드를 배경으로 한 영화 《롭 로이》(1995)에서 '대 킬트'를 입고 있는 리암 니슨(롭 로이 역)의 모습

    그런데 이는 오늘날 우리가 흔히 떠올리는 형태의 킬트와 다르다. 우리가 알고 있는 킬트는 소위 여학교 교복 치마 같은 것이다. 이를 '소 킬트 small kilt'라고 한다. 18세기 초반 한 사업가에 의해 고안되었다고 전한다.

    소 킬트는 몸 전체에 감는 형태의 긴 천을 짧게 잘라내어, 허리 아래에 한 번만 두를 수 있게 한 것이다. 나중에는 두르고 고정시키는 형태가 아니라 아예 기성복처럼 치마 형태로 재단하여 편의성을 증대시켰다.

    일설에 '소 킬트'의 아이디어가 검은 정찰대로부터 왔다는 의견도 있다. 17세기 말부터 이미 검은 정찰대가 전투에 적합하게 옷감을 짧게 잘라낸 킬트를 입었고, 이것이 민간 복식에도 영향을 미쳤다는 것이다.

스코틀랜드 저항의 상징이 된 킬트

영국은 1746년 '복식법 Dress Act'이란 것을 만들었다. 주요 내용 중 하나는 킬트를 포함한 스코틀랜드의 전통 복장 착용을 금지하는 것이었다. 이는 1716년부터 스코틀랜드 부족에 강제된 '무장해제법'의 연장선상에 있었다. 법에는 킬트를 입다 발각되면 6개월을 구형하고 재차 위반하면 해외로 추방하겠다고 명시했다. 도대체 무슨 일 때문이었을까?

바로 '재커바이트 봉기 Jacobite Risings'이다. 재커바이트 봉기는 스코틀랜드의 왕권 탈환 전쟁이었다. 실각한 스코틀랜드계 왕 제임스 2세의 복권을 주장하는 일단의 무리들이 1696년 윌리엄 3세 암살을 기도한 것을 시작으로 장장 50여 년에 걸쳐 크고 작은 분쟁을 벌였다.

재커바이트는 무력 집단을 형성하여 1716년 잉글랜드를 공격했고 1722년에는 잉글랜드 은행을 점거하여 내부 붕괴를 획책했다. 1745~1746년에 프랑스를 끌어들여 잉글랜드를 공격한 것이 분수령이자 마지막 대규모 활동이었다.

이 과정에서 스코틀랜드 출신 무력 집단은 킬트를 입고 투쟁했다. 킬트 착용은 가톨릭과 스코틀랜드에 대한 충성, 잉글랜드 왕실에 대한 저항을 의미했다.

재커바이트 봉기가 실패한 후 잉글랜드 왕실은 스코틀랜드에 대한 징벌적 조치를 내렸고 그중 하나가 '복식법'이었다. 스코틀랜드 고유의 역사와 정체성을 아예 드러내지 못하게 하려는 의도였다. (복식법은 스코틀랜드인의 격렬한 반대, 역효과라는 자체 평가에 의해 1782년 철회되었다.)

데이비드 모리에의 1746년 작
《컬로든 전투》(1745).
좌측 진영이 재커바이트 군대로
킬트를 입고 싸우고 있다.

왕실 스코틀랜드 연대 예하 부대별 킬트와 타탄

재커바이트 봉기를 진압하고 스코틀랜드 통제권을 확보한 잉글랜드 왕실은 스코틀랜드 출신으로 구성된 부대를 늘리기로 했다. 그 이유는 첫째, 용맹한 스코틀랜드인을 활용하여 강한 군대를 육성하는 것이 왕실에 이익이었기 때문이다. 둘째, 스코틀랜드 성인 남성을 왕실 통제하의 군대에 최대한 많이 넣음으로써 반란 재발을 원천봉쇄하고자 했다. 셋째, 스코틀랜드 출신 부대로 스코틀랜드인을 상대하는 전형적인 '이이제이以夷制夷' 전략의 일환이었다.

잉글랜드 왕실은 스코틀랜드 출신 부대별로 고유 문장을 하사했다. 그런데 스코틀랜드 출신 부대는 자신들만의 구분법이 있었다. 부족 clan 고유 패턴과 색깔을 조합한 '타탄 Tartan'이 들어간 킬트를 입는 방식이다.

타탄 중 가장 유명한 것은 '검은 정찰대'이다(부대명과 타탄 명칭이 같다.) 검은 정찰대는 1746년 복식법에 의한 킬트 착용 금지 기간에도 킬트를 계속 입었다. 창설 목적 자체가 잉글랜드 왕실과 영국 제국의 안녕에 봉사하는 것이 목적이었기 때문이다.

검은 정찰대의 타탄인 '검은 정찰대'.

제식 행사 중인 검은 정찰대

    검은 정찰대의 현재 편제는 '왕실 스코틀랜드 연대Royal Regiment of Scotland' 예하 제3대대이다. 2004년 군 구조 개편 당시 영국군은 스코틀랜드 출신 부대를 하나의 연대(6개 대대, 1개 중대)로 통폐합했다. 이때 통폐합 기준 부대는 검은 정찰대로 했다. 따라서 연대 단체 행사 시 기준이 되는 복장도 검은 정찰대의 것으로 하고 있다.

    다만 각 대대별 전승 기념식, 지역 단위 행사 지원 때는 통폐합 이전의 고유 타탄이 들어간 킬트를 입는다. 각 부대별 타탄을 소개하자면 다음과 같다.

1) 제1대대, 국경수비대 Royal Scots Borderers

상_
국경수비대의 타탄. 스튜어트 왕가Royal Stewart의 타탄을 쓰고 있다.
하_
행진 중인 국경수비대. 킬트를 보면 스튜어트 왕가의 것이 아닌 검은 정찰대의 타탄이다.

2) 제2대대, 척탄병대 Royal Highland Fusiliers

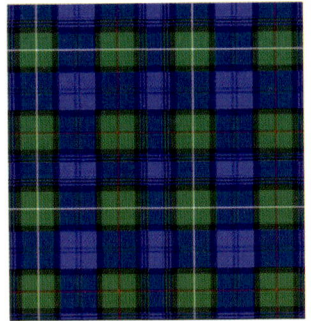

상_
척탄병대의 타탄. 매켄지Macken-zie 부족의 타탄을 쓰고 있다.
하_
스코틀랜드 연대도 물론 전투복을 입는다. 열병식을 하고 있는 척탄병대. 타탄을 디자인으로 한 요대가 인상적이다.

3) 제4대대, 산악대 The Highlanders

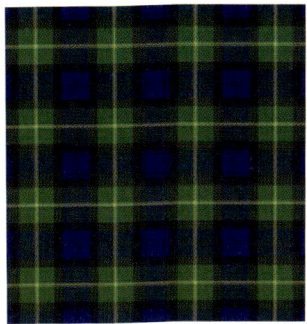

상_
산악대의 타탄. 고든Gordon 부족의 타탄을 쓰고 있다.
하_
부대 체육대회를 하는 산악대원들의 모습. 자세히 보면 입고 있는 것은 산악대의 고든 타탄이 아니다. 연대 대항 경기이기 때문에 연대의 검은 정찰대 타탄이 적용된 킬트를 착용한 것이다.

4) 제5대대, 아가일 서덜랜드 산악대 Argyll and Sutherland Highlanders

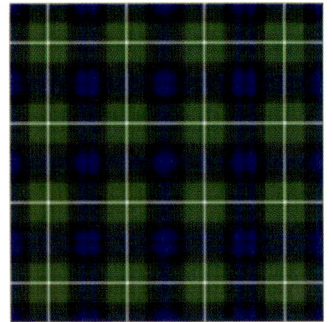

상_
아가일 서덜랜드 산악대의 타탄. 라몬트 Lamont 부족의 타탄을 쓰고 있다.
하_
아가일 산악대를 모체 부대로 한 캐나다 제91보병연대. 이들의 킬트에서도 라몬트 타탄을 확인할 수 있다.

프로레슬링과 킬트, 타탄

1) 하이랜더스

킬트를 입은 스코틀랜드 산악대 관련 자료를 찾다보면 다소 엉뚱한 사진이 나온다. 지난 2000년대 초반 '하이랜더스 The Highlanders'란 팀명으로 활동했던 프로레슬링 선수들이다. 이들은 두 가지 종류의 타탄이 들어간 킬트를 입고 링 위에 나타났다.

타탄 중 하나는 스튜어트 왕가의 것이다. 두 선수 모두 스코틀랜드 출신이니 스코틀랜드를 대표하는 타탄을 선택한 것으로 해석할 수 있다.

그런데 하이랜더스는 종종 회색과 갈색 바탕의 타탄이 들어간 킬트를 입었다. 이것은 이들의 고향인 스코틀랜드 오반Oban 마을의 타탄이다. 타탄의 의미를 제대로 알고 애용한 스포츠인이라 평가할 수 있다.

상_ 스튜어트 왕가 타탄(좌)과 그것이 적용된 킬트를 입고 경기하는 하이랜더스
하_ 오반 마을 타탄(좌)과 그것이 적용된 킬트를 입고 무대 위에 오른 하이랜더스

2) 로디 파이퍼

링 위에 킬트를 입고 나와 대중에게 이미지를 깊이 각인시킨 선구자는 따로 있다. 1970년대에 큰 인기를 얻었던 프로레슬러 로디 파이퍼 Roddy Piper이다. 그는 붉은 바탕색에 흰색 줄이 들어간 킬트를 입고 링 위에 올랐다.

그런데 로디 파이퍼가 입고 나온 것은 공인되거나 널리 알려진 타탄이 아니었다. 인터뷰에 의하면, '캐나다 출신이지만 어릴 적 밴드에서 백파이프 연주를 한 적이 있는 스코틀랜드 계'라는 업계의 설정 때문에 시중에서 파는 체크무늬 치마 중 하나를 그냥 골라 입었다고 한다.

상_
데뷔 초(좌)와 전성기(우)의 로디 파이퍼. 좌측의 것은 그야말로 '족보 없는' 타탄이다. 우측의 것은 왈레스Wallace 부족 타탄인데 세계적 기업 3M의 '스카치테이프' 디자인에도 사용되었다.
하_
왈레스 부족의 타탄을 디자인으로 사용한 3M사의 스카치 테이프

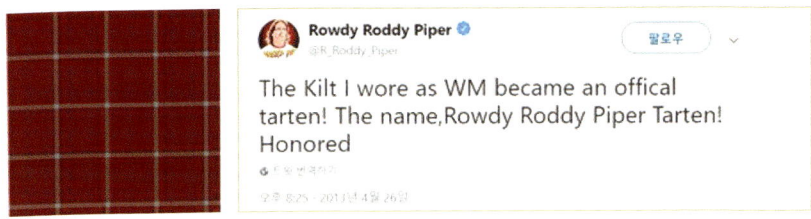

'(Rowdy) Roddy Piper' 타탄(좌)과 로디 파이퍼의 트윗(우). "제가 입었던 킬트의 타탄이 공식적으로 인정 받았네요. 영광스럽습니다"라고 적었다.

로디 파이퍼가 선수 생활 초기에 '그냥 골라' 입었던 붉은 바탕색에 흰색 줄 타탄은 현재 '(Rowdy) Roddy Piper'란 고유 명칭을 갖고 있다. 킬트와 타탄을 대중에 널리 알린 공로로 지난 2013년 스코틀랜드가 정식으로 부여한 이름이다.

《브레이브 하트》 속 왈레스 부족의 킬트

'당신에게 강렬한 인상을 남긴 대중 문화 속의 킬트'를 꼽으라고 한다면 아마 오른쪽의 것이 가장 많이 언급되지 않을까?

영화 《브레이브 하트》(1995)에서 멜 깁슨이 대 킬트를 입은 모습이다. 멜 깁슨은 실존 인물 윌리엄 왈레스 역을 맡아 열연했다. 앞서 설명했던 '왈레스 타탄'의 그 왈레스이다.

영화 《브레이브 하트》(1995)에서 멜 깁슨

《브레이브 하트》는 1996년 아카데미상 작품상을 비롯한 5개 부문을 휩쓴 성공한 영화임에도 불구하고, 고증 부분에서 많은 비판을 받고 있다. 멜 깁슨이 입은 킬트만 해도 그렇다. 왈레스 부족의 그것과 다르다. 영화적 효과를 위해 색깔과 디자인을 달리했다고 보기엔 타탄의 기본 형식(색깔의 교차, 선과 면의 비율 등)을 너무 많이 벗어나 있다.

영화 속 인물들이 입은 킬트의 색깔, 디자인이 '기계로 짠 것처럼 똑같고 정확하다'는 지적도 있다. 영화 배경이 13세기임을 고려하여 디자인과 색깔을 조금씩 다르게 했더라면 좋았을 것이다.

상_ 왈레스 부족의 타탄. 타탄 속의 적색을 '왈레스 적색 Wallace Red'이라고 한다.
하_ 영화에서 멜 깁슨이 대 킬트를 입은 모습(우), 킬트에 사용된 타탄을 확대한 모습(좌)

서태지와 아이들 제3집 활동 시 서태지의 킬트

1994년 서태지와 아이들이 3집 앨범을 내놓았다. 모든 것이 충격이었다. 댄스 그룹이 랩과 록 음악을 선보인 것도 그렇고 얼터너티브 록 박자에 맞춰 추는 흑인 힙합 춤도 그랬다. 〈교실 이데아〉와 〈발해를 꿈꾸며〉 가사 속의 사회적 메시지도 나름 강렬했다.

서태지가 앨범 콘셉트 복장으로 입고 나온 치마는 더 충격적이었다. 즉각 '국민정서에 맞지 않는다', '출연자는 자숙하고 방송은 심의 기준을 강화해야 한다'는 강경한 여론이 들끓었다. 치마를 입으면 출연을 금지시키겠다고 했고 서태지는 복장을 바꿀 수밖에 없었다.

서태지가 입은 치마를 자세히 보면 적색 체크무늬의 주름치마이다. 어찌 보면 킬트 같다. 그러나 본인도 당시 언론도 이것을 킬트라고 하진 않았었다.

그런데 지난 2014년 한 방송 프로그램에서 출연 패널이 서태지가 입은 것이 '스코틀랜드 전통의상'이라고 주장했다. 서태지도 크게 부인하지는 않았는데, 입은 옷이 치마인지 킬트인지가 중요한 것이 아니라고 보는 것 같았다. 서태지는 덧붙이기를, "패션에 대해서는 잘 몰랐다. 남자는 치마를 입으면 안 된다는 것에 저항하는 의미로 입었었다"고 했다. 즉 그런 옷을 입은 의도, 내면, 정신이 중요하다고 생각했던 것이다.

빨간색 체크무늬 치마를 입은 서태지의 모습. 앨범 발매 초기에만 잠시 입어 남아 있는 사진이 많지 않다.

16

덩거리 Dungaree

미 해군 병사의 작업복, 패션이 되다

'당가리'가 아닙니다

해군 작업복 바지를 흔히 '당가리'라고 부른다. 이는 '덩거리 Dungaree'를 일본식으로 발음한 것이다. 'ㅓ (어)'와 'ㄴ (니은)' 발음이 안 되니 '당가리'라고 했다.

'덩거리'는 인도 뭄바이 지역 언어인 마라티어 '동리 Dongri'에서 온 것이다. '동리'는 인도 뭄바이 지역의 해안마을 이름이다. 17세기 초 이곳 주민들이 두껍게 짠 천으로 돛을 만들었고, 남은 천으로 옷을 만들어 입었다. 이 옷을 '동리'라고 불렀고, 영어권에서는 '덩거리'라 부른 것이다.

구 분	동리	덩거리	당가리
설 명	인도 뭄바이 마을	'동리'의 영어 발음	'덩거리'의 일본 발음
비 고	마을명이자 특산물	면으로 두껍게 짠 천	-

붉은 표시가 동리 마을이 있는 곳이다.

덩거리는 데님의 형님뻘

덩거리는 면을 능직으로 두껍게 짠 천이다. 튼튼하고 신축성이 있었기 때문에 덩거리 직조방식은 곧 널리 퍼졌다.

프랑스로 건너 간 덩거리는 독특하게 발전했다. 프랑스 남부 '님 Nîmes'에서는 날줄에만 인디고 indigo 염색(날줄 염색법)을 하여 천을 직조했다. 이것을 '세흐지 데 님 serge de Nîmes(님에서 만든 능직천)'이라고 부르다가 나중엔 줄여서 '데님 denim'이라고 했다. 이것이 바로 오늘날 청바지, 청재킷의 소재인 '데님'의 유래다.

구 분	세흐지 데 님	데님
설 명	님에서 만든 천	'세흐지 데 님'의 줄임말
비 고	프랑스 남부 님	영어식 표현

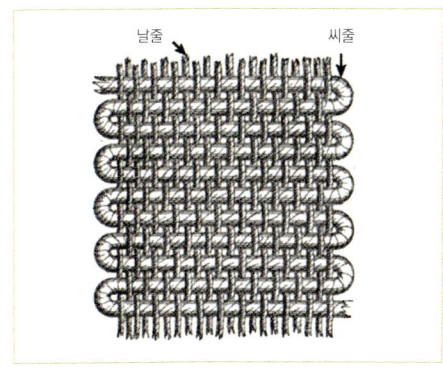
날줄과 씨줄

미 해군 병사의 작업복 세트, 덩거리

덩거리는 미국으로도 건너갔다. 기록에 의하면 미 해군은 1913년부터 병사들에게 덩거리로 만든 작업복을 지급했다. 이는 병사용 작업복 세트의 총칭이었다. 그래서 영어로는 단수가 아닌 복수 'dungarees'로 쓴다.

덩거리 작업복 세트는 옅은 청색의 '샴브레이 chambray' 셔츠, 청색의 데님 바지로 구성됐다. 때에 따라서는 흰색의 작업모인 '딕시 컵 dixie cup'도 여기에 포함하곤 한다.

1) 샴브레이 셔츠

16세기 중반 프랑스 북부 도시 캉브레 Cambrai는 리넨 linen으로 짠 고급 평직물을 특산품으로 생산했는데 영국에서 이를 '케임브릭 천 cambric fabric'이라고 불렀다. 얇고 부드러워 몸에 직접 닿는 셔츠나 손수건을 만드는 데 사용했다. 시간이 지나면서 '케임브릭'은 씨줄과 날줄을 한 번씩 교대로 짜는 평직 천이란 뜻으로 사용되었다.

시간이 훌쩍 지나 19세기경 미국에 '샴브레이'라는 것이 등장했다. 프랑스어 'Cambrai'의 표기가 영어로 넘어오면서 'cambric'으로, 시간이 지나면서 다시 'chambray'로 변형된 것이다. 샴브레이는 케임브릭의 평직법과 '날줄 염색법'이 합쳐진 것이었다. 미 해군은 1901년부터 '샴브레이 셔츠'를 만들어 작업복으로 보급했다.

구 분	캉브레	케임브릭	샴브레이
설 명	프랑스 마을	리넨 평직 천	염색한 케임브릭
비 고	마을명이자 특산물	영어식 표현	날줄에만 염색

붉은 표시가 캉브레가 있는 곳이다.

2) 데님 바지

미 해군은 1901년, 선상 작업복으로 샴브레이 셔츠와 데님 바지를 지정하고 이를 보급했다. 작업에 이만큼 안성맞춤인 옷은 없었다.

그런데 문제가 생겼다. 샴브레이 셔츠와 데님 바지가 너무 편한 나머지 다들 이 옷을 입고 24시간 생활한 것이다. '작업을 할 때만 입으라'고 지시했지만 잘 먹히지 않았나보다. 1913년 해군 복제 규정에 샴브레이 셔츠와 데님 바지는 '잠수함, 엔진실, 포탑, 기계실 내에서만 착용할 수 있다'고 명시했다. 그리고 이 규정에 처음 '덩거리'라는 총칭이 등장한다.

제2차 세계대전 당시
덩거리를 입은 미 해군 병사

덩거리 Dungaree 183

상_ 1941년 발간된 복제규정의 한 페이지. 덩거리 점퍼 표준형을 제시하고 있다.
하_ 미 해군 덩거리 점퍼의 재현품들. 오늘날의 청재킷과 유사하다.

한국 해군은 왜 '데님 바지'를 '당가리'라고 부를까

19세기 말까지 미 해군은 흰색 혹은 카키색의 '세일러복 Sailor Suit'을 입고 전투 임무를 수행했다. 이것이 전투복이자 '제복 Service Dress'이었다. 그러다가 19세기 말경 병사들에게 작업용 복장으로 '덩거리'를 보급했다.

제1차 세계대전이 발발했을 때 병사들은 덩거리를 입고 전투를 수행했다. 이유는 단순하다. 편하고 튼튼했기 때문이다. 미 해군은 이를 허용하면서 '덩거리는 잠수함, 엔진실, 포탑, 기계실 내에서만 착용할 수 있다'고 했다. 편의를 위해 임시로 허용한 것이다. 이는 제2차 세계대전 때까지도 크게 변하지 않았다. 전투 시 기본 복장은 세일러복이지만, 작업복인 덩거리를 입는 것도 가능했다.

초대 한국 해군 제복은 이 시기 미 해군의 것을 참조하여 만들었다. 그런데 약간 착오가 있었다. 미 해군은 상의인 샴브레이 셔츠, 하의인 데님 바지를 통칭하여 '덩거리'라고 불렀고, 일본에서는 '당가리 ダンガリー'라고 불렀다.

그런데 이것이 한국으로 넘어와서는 상의 명칭이 '샘브레이', 하의 명칭이 '당가리'로 굳었다. 그리고 이것을 합쳐서 '샘·당'이라고 불렀다. 그러다가 언제부턴가 '샘·당'에 '해상병 전투복'이란 명칭을 붙였다(아래 참조). 현재까지 한국 해군 병사들은 '해상병 전투복'을 훈련(전투), 근무, 작업 간 다용도로 입는다. (일반적인 전투복도 신병 교육대에서 지급받긴 하는데, 자대 배치를 받으면 반납한다. 그리고 전역 전 다시 전투복을 지급받아 그것을 입고 제대한다.)

구 분	복제명	상의	하의
한국 해군	해상병 전투복	샘브레이	당가리
미 해군	덩거리	샴브레이 셔츠	데님 바지

덩거리 Dungaree

한국 해군
'해상병 전투복'과
미 해군 '덩거리'

계속 변화해온 미 해군 복제

미 해군은 2000년대부터 장병들에게 전투복 타입의 '업무복Navy Working Uniform; NWU'을 지급했다. 업무복이라고 부르지만 사실 청색 계열의 위장 무늬가 들어간 전투복이다(오른쪽 사진 참조). 그러면서 전투 시 덩거리를 입지 못하도록 지시했다. 덩거리는 선상에서 작업할 때만 입도록 제한하면서 명칭을 '다용도복Utility Uniform'으로 했다.

참고로, 미 해군이 분명히 전투복인 옷을 '업무복'이라고 부르는 이유는 첫째, 세일러복이 해군의 기본 전투복이기 때문이다. 둘째, '육군 얼룩무늬 위장 전투복'에서 유래한 옷을 자신들의 전투복이라고 부르고 싶지 않기 때문이다.

미 해군 업무복

1990년대 이전으로 돌아가는 미 해군 복제

　한국 해군은 2019년부터 전투복 타입의 '신형 함상복'을 지급하기로 했다. 이는 미 해군이 2000년대부터 장병들에게 '업무복'을 지급한 것을 따른 것이다. 둘 다 '청색 위장 전투복'이다(뒤 페이지 사진 ① 참조).
　그런데 어쩌면 좋을까. 한국 해군이 청색 위장 전투복을 지급하기로 한 2019년, 미 해군이 이 청색 위장 전투복을 폐기하기로 했다.
　그 이유는 첫째 함상에서 유용하지 않기 때문이다. 인공위성, 정찰기, 이지스 레이더, 고성능 망원경으로 바다 위를 깨알같이 꿰뚫고 있는 이 시대에 병사가 청색 위장 전투복을 입는다고 무슨 위장 효과가 있겠는가. 둘째 지상에서 오히려 눈에 잘 띄기 때문이다. 다음 사진 ②, ③, ④가 모든 것을 설명해준다. 이런 이유 때문에 미 해군은 접적接敵 지역에서 청색 위장 전투복을 입지 않았다.

2019년부터 청색 위장 전투복 대신 보급하기로 한 것은 사진 ⑤와 같은 전투복 타입의 '녹색 업무복(모델명은 NWU, Type3)'이다.

① 한국 해군의 신형 함상복(좌)과 미 해군의 구형 업무복(우)
② 사격 훈련을 하고 있는 미 해군 대원들. 청색 위장 전투복이 눈에 확 띈다.

③

④

⑤

③ 일본(좌)과 아이티(우)의 민군 작전 현장을 돌아보고 있는 미 합참의장 마이클 멀렌 제독
④ 한국 비무장지대 방문 시 육군 얼룩무늬 위장 전투복을 입은 마이클 멀렌 제독
⑤ 2019년부터 해군 장병에게 지급될 예정인 새 업무복

선상 실험 중인 미 해군의 새 덩거리(상)와 그중 가장 채택 확률이 높은 청색 상하의 덩거리

    정리하자면, 2019년부터 미 해군의 함상 기본 전투복은 '세일러복', 함상 다용도복은 '덩거리', 지상 업무복은 전투복 타입 '녹색 업무복'이다.
    덩거리는 새로 개발하여 보급할 것인데 아직 실험 단계에 있다. 그중 카키색 상하의, 진한 청색 상하의, 옅은 청색 상의에 청색 하의의 세 가지 모델이 경합 중이다. 현재까지는 청색 상하의가 가장 우세한 모양이다.
    자, 이제 미 해군 작업복 덩거리가 어떤 형태로 민간의 패션 아이템으로 자리 잡고 있는지 살펴보자.

영화 속의 미 해군 덩거리

1) 《샌드 페블즈》

스티브 맥퀸 Steve McQueen 주연의 영화 중 《샌드 페블즈 The Sand Pebbles》(1966)는 1920년대 중국에 파견된 미 해군 '산파블로 호 USS San Pablo'에서 일어난 일을 다뤘다. 스티브 맥퀸은 해군 하사로 나오는데 후일 이 역할로 아카데미 남우주연상 후보에 오르기도 했다.

《샌드 페블즈》에는 제1차 세계대전 직후 미 해군의 다양한 복장이 등장한다. 스티브 맥퀸은 5종의 해군 복장을 입고 나오는데 이를 하나하나 살펴보는 것도 흥미로울 것이다.

| 덩거리 |

기계실, 함상에서 덩거리를 입은 모습. 덩거리를 입은 채로 챙이 넓은 브로디 헬멧 Brodie helmet을 쓰고 있는 것도 보인다.

상_ 현재 미 해군에서 실험 중인 세 가지 종류의 덩거리
하_ 2015년부터 보급 중인 영국 해군의 새 덩거리

| 세일러복(정복) |

상_ 정복 Service Dress Blue Uniforms
중_ 하계 정복 Service Dress White Uniforms
하_ 지상근무용 하계 정복 Service Dress White Uniforms

현재의 미 해군 부사관 및 사병 정복
좌로부터 정복(청색), 하계 정복(흰색), 지상근무용 하계 정복(흰색)

| 피-코트 Pea Coat |

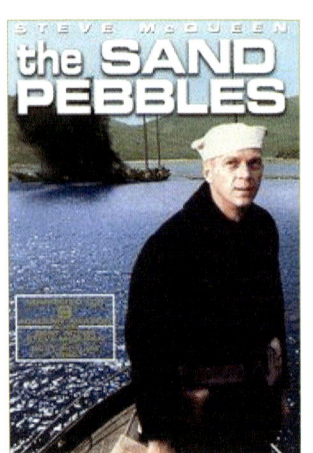

《샌드 페블즈》의 일본판 포스터.
피-코트를 입고 있다.

상_ 영화 속에서 스티브 맥퀸이 피-코트를 입고 있는 장면
하_ 오늘날 미 해군의 피-코트(좌). 영화 속의 피-코트와 크게 다르지 않다. 단추(우)도 그대로다.

2) 《배틀 쉽》

《배틀 쉽 Battle Ship》(2012)은 미일 해군이 합동작전으로 외계인과 전투하는 내용을 담은 영화다. 영화의 하이라이트에서 궁지에 몰린 미일 해군은 제2차 세계대전기부터 활약했던 '미주리호 USS Missouri'를 끌고 와서 외계인 함선을 때려 부순다.

| 덩거리 |

영화에서 구형 미주리호를 운용하는 것은 오래 전 퇴역한 할아버지들이다. 이들은 구형 덩거리를 입고 나오는데 아래 사진을 보면 구형 덩거리와 신형 덩거리가 함께 등장한다.

덩거리 Dungaree

전면의 할아버지는 구형 덩거리(하늘색 샴브레이 셔츠), 뒤에 보이는 현역 군인은 신형 덩거리(청색 샴브레이 셔츠)를 입고 있다.

| 해군 업무복 NWU; 청색 위장 전투복 |

상_
영화에서 이지스 구축함 '존 폴 존스(DDG-53)' 주조종실을 묘사한 장면

하_
실제 이지스 구축함 내부의 모습. 2015년 훈련 중인 '존 S. 매케인(DDG-56)'의 내부를 찍은 것이다. 모두 해군 업무복을 입고 있다.

| 각종 복장이 한 자리에 |

최신 영화인만큼 다양한 현대 해군 복장을 확인할 수 있는데 위의 사진 전면의 인물이 입은 것은 청색의 해군 업무복(NWU)이다. 그 외에도 뒤를 보면 a는 구형 덩거리, b는 신형 덩거리를 입고 있다. c는 덩거리처럼 보이지만 해병대 부사관에게 지급되는 근무복이다.

덩거리를 입은 연예인들

'덩거리'의 역사적 배경을 알고 샴브레이 셔츠에 데님 바지를 매칭해 입는 사람은 거의 없을 것이다. 그 둘이 뭔가 어울리기 때문에 컬러, 디자인 등을 고려해 매칭했을 가능성이 높다. 다음의 사진들은 덩거리를 제대로 입은 연예인들이다.

사진에서 확인할 수 있는 것처럼 덩거리는 여성은 더욱 여성답게 남성은 더욱 남성답게 보이게 하는 매력이 있다. 지금까지 군인과 민간인이 입은 다양한 덩거리를 소개했다. 그리고 글을 마무리하려고 하는 지금, 덩거리를 가장 잘 소화한 이를 찾았다. 바로 브래드 피트이다. 역시 '패션의 완성은 얼굴(패.완.얼)'이란 말인가.

상_ 좌측부터 제시카 알바, 제니퍼 로페즈, 미란다 커
중_ 켄달 제너, 케이트 허드슨, 케이티 홈즈
하_ 클린트 이스트우드, 엘비스 프레슬리, 스티브 맥퀸

젊은 시절의 브래드 피트. 샴브레이 셔츠에 데님 바지. 전형적인 덩거리이다.

발라클라바 마스크 Balaclava Mask

발라클라바 마스크와 래퍼 마미손

'발라클라바'는 크림반도의 도시 이름

'발라클라바 Balaclava'는 우크라이나 크림반도 남쪽의 도시이다. 이곳은 고대 그리스 시대부터 흑해 지역 일대를 통제하기 위한 전략적 거점이었다. 지중해, 흑해, 동유럽을 차지하길 원하는 패권 세력은 항상 발라클라바를 먼저 점령했다. 그만큼 상업적, 군사적으로 중요한 곳이었다.

발라클라바는 중세 시대부터 오토만 제국(지금의 터키)이 점령하다가, 18세기 후반에 러시아 영토가 되었다. 20세기 말 소련 해체 이후 잠시 우크라이나가 차지했으나 2014년 다시 러시아가 강제로 병합했다.

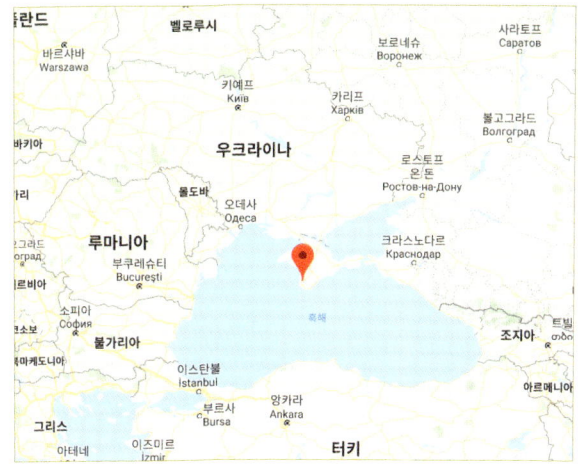

붉은 색으로 표시된 곳이 발라클라바이다.

발라클라바 전투

1853년 러시아 흑해 함대가 오토만 제국 해군을 격파하고 크림반도를 차지했다. 영국은 러시아의 확장을 원하지 않았다. 이에 프랑스, 오토만 제국과 연합하여 크림반도에 원정대를 파견했다. 이것이 크림전쟁이다.

1854년 10월 25일, 영국군은 크림반도 남부의 발라클라바로 진격했다. 발라클라바는 반도 중앙으로 진출하기 위한 교두보였다. 영국군의 지휘관은 워털루 전투에서 공적을 인정받았던 래글런 Raglan 남작이었다. '래글런 소매'의 유래가 된 바로 그 인물이다.

래글런 남작은, 그 시절 귀족 출신 장교들 대다수가 그랬던 것처럼, 전투 승패나 부하의 목숨보다는 명예와 위신을 중요시 여겼다. 그런 그가 예하 부대에 내릴 명령은 단 하나, 바로 돌격이었다.

영국군은 래글런 남작이 명령한 대로 돌격했다. 문제는 그 돌격의 대상이 언덕 위에 있는 견고한 성이라는 점이었다. 그런데 흥미롭게도 이

래글런 남작의 젊은 시절 초상화(좌), 노년의 사진(우)

무모한 전술이 의외로 먹혔다. 예상치 못한 돌격에 러시아군이 심리적 기습을 받았던 것으로 보인다.

영국군은 발라클라바 성을 점령했다. 래글런 남작은 다음 명령을 내렸다. 그는 발라클라바 성 건너편에 있는 고지를 마저 점령하라고 지시했다.

그런데 예하 부대 지휘관과 래글런 남작 사이의 의사소통에 문제가 발생했다. "두 곳의 전선에 전개한 보병의 지원을 받아 기병을 진격시켜라"라는 명령이 "기병을 나누어 두 전선에 전개하라"로 전달된 것이다.

이 명령을 받은 예하 부대 지휘관 중 하나가 영국군의 문제아 카디건 Cardigan 백작이었다. 앞여밈이 있는 스웨터인 '카디건'을 고안한 바로 그 인물이다.

카디건 백작의 부대 지휘 특징은 무모하고 무관심하다는 것이었다. 그는 그저 전달받은 대로 기병을 전개시켰다. 카디건 백작의 명령을 받은

상_ 현재 남아 있는 발라클라바 성의 잔해. 이 높고 경사진 언덕 위의 성으로 영국 기병대가 돌진했던 것이다. 하_ 리차드 우드빌의 1897년 작,《발라클라바 전투》

상_ 래글런 남작이 하달한 실제 명령서
하_ 카디건 백작. 장교 생활 초기의 모습이다.

영국 제11경기병여단은 러시아군이 배치된 고지로 돌격했다. 그리고 전체 병력 674명 중 3분의 2가 죽거나 다쳤다.

전투는 어떻게 되었을까? 다행인지 불행인지 영국군은 제11경기병여단의 희생에 힘입어 그 일대의 고지까지 모두 점령했다. 이제 다음 목표는 발라클라바의 북쪽에 있는 세바스토폴 항구였다.

본토에서 날아온 위문품 발라클라바 마스크

발라클라바 전투에는 수많은 이야기 거리와 야사 野史가 존재한다. 그중 흥미로운 것 하나를 소개하자면 다음과 같다.

"어느 날부터인가 발라클라바에 있는 영국군 주둔지에 보온복이 도착하기 시작했다. 발라클라바 전투 승리의 주역이 추위로 고생하고 있다는 소문을 듣고, 영국인들이 손뜨개질해서 보낸 것들이었다. 영국군은 손뜨개 보온복을 매우 요긴히 입었다. 그중 인기 높은 것은 머리에 뒤집어쓰는 형태의 마스크였다. 이때 이후로 추운 지역에 원정 나가는 영국군은 손뜨개 마스크를 꼭 챙겼다. 그리고 이를 '발라클라바 마스크'라고 불렀다."

왜 전투 이야기에 얼굴에 쓰는 마스크가 소재로 등장했을까?

크림반도 남부의 기온은 10월부터 영하권에 근접하는데 흑해의 바닷바람이 얹히면 체감 온도는 더 떨어진다. 이 추위는 발라클라바 전투 후 일대에서 전열을 정비하던 영국군에게 큰 고통을 주었다. 방한 대책이 없었기 때문이다. 단기속결로 전투를 마치고 흑해의 보석이라는 크림반도에서 휴양이라도 할 생각이었는지 영국군 누구도 동계 복장, 장비를 챙겨 오지 않았다.

그래서 어떻게 되었을까? 야사에서 전하는 것처럼 본토로부터 온 위문품으로 겨울을 버텼을까? 아니다. 크림반도 남부 어민들은 오래 전부터 겨울 바닷바람을 막을 용도로 손뜨개 마스크를 뒤집어쓰고 다녔다. 이를 본 영국군 중 한 명이 어민에게 마스크를 얻어 썼든지 빼앗아 썼든지 했을 것이다. 그리고 곧 너도나도 하나씩 구해 혹독한 추위를 피하려 했을 것이다.

그렇다면 '발라클라바 마스크'라는 명칭은 언제 어떻게 생겨난 것일까? 아마도 크림전쟁에 참전했던 영국군 일부가 얼굴에 쓰는 보온 마스크를 가지고 고향으로 돌아왔을 것이다. 그리고 마스크를 본 고향 사람 중 누군가와 이런 대화가 오가지 않았을까.

"이 마스크 뭐야? 어디서 난거야?"
"아, 그거 발라클라바에서 갖고 온 거예요."
"아, 그럼 '발라클라바 마스크'라고 부르면 되겠구만."

러시아-우크라이나 전쟁과 발라클라바 마스크

최근 가장 강한 인상을 남긴 발라클라바 마스크는 '러시아-우크라이나 전쟁(2014)'에서 전투원들이 썼던 것이다. 우크라이나 동부 지역에서 참전한 친러파 전투원들 중 러시아계 우크라이나인, 체첸인, 러시아군 특수부대원 등은 자신의 신분을 감춰야 했다. 그래서 다들 발라클라바 마스크를 썼다.

러시아인들은 이것을 '마스키로프카 maskirovka'라 부른다. 마스키로프카는 위장, 변장의 총칭인데 마스크와 발음이 비슷하니 그냥 마스키로프카라 하는 것이다.

상_ 2014년 우크라이나 슬라뱐스크에서 정부청사 건물을 지키고 있는 친러파 무장대원 중_ 도네츠크 공항에서 바깥을 경계하고 있는 친러파 무장대원 하_ 눈만 노출된 형태의 마스키로프카를 쓰고 있는 러시아 특수부대원

러시아군의 특수부대 혹은 도시지역 작전을 수행하는 보병 부대는 반드시 마스키로프카를 쓴다. 신분, 소속, 표정 변화 등의 관련 정보를 적에게 주지 않기 위해서이다.

러시아군은 마스키로프카의 유래가 14세기까지 거슬러 올라가며 따라서 발라클라바 마스크보다 오래 되었다고 주장한다. 복잡한 인종 구성, 갈등과 내전의 역사, 혹독한 추위를 생각해보면 그럴 만도 하다.

할리우드 영화의 범죄 클리셰와 발라클라바 마스크

한편 할리우드 영화에서 발라클라바 마스크는 집단 범죄의 클리셰로 사용되고 있다. 영화나 드라마를 보면 은행 강도, 조직폭력단, 테러리스트가 승합차를 타고 가다가 악행을 저지르기 직전 다함께 발라클라바 마스크를 쓰곤 한다.

이런 영화적 장치의 아이디어는 '북아일랜드 공화국 군대 Irish Repub-

위 왼쪽부터 시계방향으로 영화 《히트》(1995), 《스내치》(2000), 《설국열차》(2013)의 한 장면. 악당 모두 발라클라바 마스크를 쓰고 있다.

① 1980년대 IRA 모집 홍보 포스터 ②옥중 단식 투쟁으로 사망한 IRA 대원의 영결식 사진(1981년) ③1989년에 촬영한 IRA 대원들의 모습 ④박격포와 무반동총을 들고 있는 IRA 대원들의 모습 (1992년)

발라클라바 마스크 Balaclava Mask

lican Army; 이하 IRA'에서 유래했다고 본다. IRA는 북아일랜드 독립을 위해 1919년에 조직된 무장단체이다. 1972년부터 IRA의 투쟁 방식은 영국 주요인사에 대한 납치, 테러 등으로 급변했다. 영국군이 아일랜드 독립 시위대에 발포하여 13명의 민간인이 사망한 후 IRA 과격파가 내부 권력을 차지했기 때문이었다.

IRA의 납치, 테러는 방송, 언론을 통해 전 세계에 보도되었는데 영상과 신문 속 IRA 대원들은 항상 발라클라바 마스크를 쓰고 있었다.

래퍼 마미손의 발라클라바 마스크

자, 이제 우리의 래퍼 마미손에 대해 소개할 차례다. 마미손은 지난 2018년 랩 오디션 프로그램 《쇼미더머니777》에 출연했다. 자신의 얼굴을 알리기 위해 나오는 오디션 프로그램에 분홍색 발라클라바 마스크를 쓰고 나옴으로써 마미손은 우리의 상식에 테러를 가했다.

개성 강한 랩이 시작되고 얼마 지나지 않아 시청자는 마미손이 누구인지 눈치 챌 수 있었다. 그는 《쇼미더머니 시즌 2》에 출연하여 준결승까지 올랐던 매우 유명한 래퍼였다. 그러나 마미손은 랩 가사를 더듬거리다가 중도 탈락함으로써 또다시 시청자의 기대를 테러했다.

이런 상식에 대한 테러, 기대에 대한 테러가 애초 마미손이 노렸던 효과였다면 발라클라바 마스크는 효과적이면서 상징적인 장치였다고 할 수 있다. 대중은 마미손에 환호했고 그가 유튜브에 공개한 신곡 〈소년점프〉는 당일 조회 1천만 뷰를 달성했다.

《쇼미더머니777》에 출연한 마미손
'마미손'은 고무장갑 상표에서 따온 것이다.

18
브로디 헬멧 Brodie Helmet

영화《1917》에서 가장 이질적인 소품

제1차 세계대전, 영국 그리고 브로디 헬멧

'브로디 헬멧 Brodie Helmet'은 1915년 영국 발명가 존 브로디 John Leopold Brodie가 개발한 철제 헬멧이다. 브로디는 헬멧의 특허를 영국군과 미군에 팔았다. 1915년 9월경 영국군은 브로디의 아이디어를 보완하여 '마크1 Mark I 헬멧'을 내놓았다. 미군은 1917년 영국으로부터 헬멧을 사들여 모델명 'M1917'로 보급했다.

브로디 헬멧의 기능을 가장 잘 설명한 별칭은 유산탄 헬멧 shrapnel helmet 이다. 19세기 말부터 총, 화포가 크게 발전하면서 두부 부상의 비율이 높아지자 이를 예방하기 위해서 고안한 헬멧이기 때문이다. 모양을 잘 드러내는 명칭은 독일군의 것인데 '잘라트슈슬 Salatschüssel' 즉, '샐러드 대접'이라고 불렀다.

좌_ 영국의 발명가 존 브로디
우_ 1916년 브로디 헬멧을 쓰고 출정 대기 중인 영국군

포탄으로부터 머리를 보호하라

머리를 보호하기 위한 헬멧은 1870년 '보불전쟁' 때부터 필요가 제기되었다. 이 시기 포병 화기의 기술과 운용 전술은 이전과 비교 불가능할 정도로 급격히 발전했다. 그러나 포병 공격에 대한 대응책이 없어 장병의 피해가 기하급수적으로 늘었다. 1870년 9월 1일의 세당 전투 같은 경우 양측 전·사상자 약 3만 명의 피해 원인이 대부분 포병 때문인 것으로 알려져 있다.

이에 착안하여 포병의 피해를 줄일 수 있도록 고안된 것이 바로 브로디 헬멧이다. 디자인(좁은 챙), 소재(철), 생산방식(프레스 가공) 면에서 모두 혁신적 제품이었다. 이 방식을 도입하면 튼튼하고 유용한 철제 헬멧을 대량으로 생산할 수 있었다.

브로디 헬멧의 원류, 아드리안 헬멧

1) 철제 두개골 보호 덮개

그런데 제1차 세계대전 발발 당시 영국군이 선택했던 헬멧은 원래 브로디 헬멧이 아니었다. 1915년 영국군 일부에게 보급된 최초의 철제 헬멧은 프랑스에서 수입한 '아드리안 헬멧 Adrian Helmet'이었다.

아드리안 헬멧을 고안한 것은 프랑스군의 루이 아드리안 August-Louis Adrian 장군이었다. 아드리안은 공병 장교로 군생활을 시작했으며 총참모부에서는 군수 계획을 담당했다.

기록에 의하면 아드리안은 군수 보급 분야의 부정부패를 용납하지 않았고 때문에 군내에 많은 적을 만들었다. 그래서 1913년에 예정보다 일찍 전역하게 되었다. 그러나 다음 해 제1차 세계대전이 발발하자 아드리안은 재입대하였고 프랑스 전쟁부의 군수보급 담당으로 발령되었다.

제1차 세계대전 초기 프랑스 장병 부상 원인의 77퍼센트가 포탄에 의한 두부 손상이었다. 두부 손상을 입은 이들은 80퍼센트는 죽거나 부상에서 회복하지 못했다. 특단의 조치가 필요했다.

아드리안이 고안한 것은 일종의 '철제 두개골 보호 덮개'였다. 프랑스군의 천으로 된 '케피 kepi' 모자 안에 착용할 수 있도록 만들었다. 아드리안의 보고를 받은 프랑스군 수뇌부는 전쟁이 곧 끝날 것이기 때문에 불필요한 지출을 허락할 수 없다고 반대했다. 그러나 아드리안은 수뇌부를 찾아가 거의 싸우다시피 두개골 보호 덮개의 필요성을 역설했고 1915년 봄에 70만 명의 장병들은 아드리안이 고안한 두개골 보호 덮개를 지급받을 수 있었다.

두개골 보호 덮개는 분명 효과가 있었다. 그러나 충분치는 않았다. 아드리안은 연구를 거듭하여 1915년 4월, 'M15' 모델을 내놓았고, M15는 수뇌부의 승인 과정을 거쳐 곧장 대량 생산되었다. 1915년 9월까지 약

16만 개가 생산되어 전선에 보급되었다.

병사들의 두부 부상은 눈에 띄게 줄어들었다. 아드리안은 'M15 헬멧은 포병 화력으로부터 보호를 약속하는 세례'라고 표현했다. 두부 부상으로 인한 전투 불능자 발생 비율이 77퍼센트에서 22퍼센트로 떨어졌으니 그렇게 표현할 만했다. 전선에서는 언제부터인가 모델명 M15 대신 '아드리안 헬멧'이라고 불렀다.

① 제1차 세계대전 당시 철제 두개골 보호 덮개를 쓰고 있는 프랑스 병사들
② 제1차 세계대전 초기의 병사들은 천으로 된 케피를 쓰고 포탄이 떨어지는 참호 안에서 버텼다.
③ 사진에서처럼 병사들은 두개골 보호 덮개를 케피 위에 덮어썼다. 그러는 편이 훨씬 편했기 때문이다.

상_ 1916년 솜Somme 전선에서 아드리안 헬멧을 쓰고 있는 프랑스 병사들
하_ M15 헬멧으로 인한 부상의 격감을 표현한 삽화

20세기 초 '철모'의 표준이 된 아드리안 헬멧

아래 사진은 1915년 프랑스군에 보급되었던 아드리안 헬멧이다. 좌측은 원형을 그대로 보존한 것이고, 우측은 당시 초도보급된 상태의 헬멧을 재현한 것이다.

프랑스군이 개발한 아드리안 헬멧은 당시 부국강병을 지향하던 거의 모든 나라의 표준 전투 장비가 되었다. 영국군도 처음에는 아드리안 헬멧을 수입하여 썼으나 곧 자체 개발한 모델을 착용했다.

상_ 아드리안 헬멧
하_ 20세기 초 세계 각국 군대의 아드리안 헬멧

존 래버리의 1916년 작,《윈스턴 처칠의 초상》. 자세히 보면 아드리안 헬멧을 쓰고 있다.

아드리안 헬멧보다 업그레이드 된 철제 헬멧을 개발하라

영국인 특유의 실용적 관점에서 봤을 때 아드리안 헬멧은 보완할 바가 많았다. 챙은 포탄 파편으로부터 두부를 보호하기엔 작았다. 또 장식이 가미된 디자인은 대량 생산에 적합지 않았다.

영국 전쟁부는 철제 헬멧을 자체 개발하기로 하고 적임자를 찾았다. 마침 영국 육군과 함께 사업을 진행하던 발명가 브로디가 프랑스군 아드리안 헬멧보다 두꺼우면서 동시에 대량생산이 가능한 디자인을 제시했다. 영국 전쟁부는 브로디가 제시한 안을 곧바로 선택했다.

1916년 서부전선의 영국군 모습. 모두들 브로디 헬멧을 쓰고 있다.

헬멧에 스토리를 담은 브로디의 사업적 수완

브로디가 새 헬멧 디자인을 제시한 것이 1915년 8월, 대량 생산된 새 헬멧이 전장에 보급된 것이 같은 해 9월이다. 전시라는 특수 상황을 고려하더라도 일의 진척 속도가 너무 빠르다. 영국군 수뇌부의 전폭적 지지 없이는 불가능한 일이었다.

영국군 수뇌부가 전폭적 지지를 보냈던 이유는 브로디가 제출했던 제안서를 보면 알 수 있다. 브로디는 헬멧의 차별적인 기능성, 생산성 외에도 영국 고유 역사가 담긴 스토리를 제안서에 담았다.

브로디는 새 헬멧 디자인이 중세 잉글랜드 군의 '케틀 햇 Kettle hat'에서 왔다고 설명했다. 케틀 햇은 두부를 충격으로부터 보호할 수 있을 만큼 두꺼우며 제작 방식이 단순한 철제 헬멧이었다. 또한 제안서 말미에 기존의 압착 기계로 철제 헬멧을 찍어내는 아이디어를 생각해냈을 뿐이라며 자세를 낮추었다.

15세기경에 사용된 케틀 햇

상_ 브로디 헬멧의 초기형, 공식 명칭은 'Steel Helmet, Brodie, War Office pattern'이었다. 하_ 브로디 헬멧의 개량형, 공식 명칭은 'Steel Helmet, MK I Brodie pattern'이었다.

브로디는 영국군 수뇌부의 심리를 잘 이해하고 거기에 딱 맞는 접근법을 취했던 것이다. 그는 달리 대안이 없어 영국 장병에게 프랑스제 헬멧을 씌워 전쟁터에 내보내는 영국군 수뇌부의 불편한 마음을 꿰뚫어 보았다. '중세 잉글랜드 군의 장비에서 힌트를 얻었다', '나는 그냥 대량 생산 방식을 도입한 사업가일 뿐'이라고 강조함으로써 전쟁에 관해서는 최고의 전문가라 자부하는 장교들의 체면을 세워주고자 했다.

영화《1917》속의 브로디 헬멧

영화《1917》의 촬영 후문을 들어보면, 제작진은 브로디 헬멧을 어떻게 할 것인지 두고두고 고민했다 한다. 독일군이 '샐러드 대접'이라고 불렀던 것처럼 모양새가 그다지 멋지지 않았기 때문이다. 진지해야할 동작이 자칫 우스꽝스러워질 수 있었다. 또한 헬멧의 넓은 챙에 가려 인물의 표정 연기가 보이지 않는 것도 난관이었다.

실은 이러한 문제 때문에 제1차 세계대전을 다룬 이전의 몇몇 영화는 챙 좁은 제2차 세계대전기의 헬멧을 가져다 쓰기도 했다. 그러나《1917》은 그렇게 하지 않았다. 전쟁 당시와 똑같이 브로디 헬멧을 재현하여 소품으로 썼다.

제작팀의 고증 노력은 영화 전체에서 돋보인다. 특히 오른쪽 스틸컷은 그중 백미이다. 상단 사진의 두 인물이 쓰고 있는 것은 브로디 헬멧의 초기형이다. 챙이 넓고 마감은 푸른색 유광 도료로 했다.

하단 사진 진지 속 장병들을 보자. 가만히 보면 초기형과 개량형 헬멧이 섞여 있다. 초기 전투부터 1917년까지 살아남은 자는 보급 받았던 초기형을 쓰고 있고, 전·사상자를 대신해 전입 온 자는 개량형을 새로 보급 받아 전장에 투입되었기에 이렇게 표현한 것이다. 개량형은 챙 길이가 줄었고 마감은 카키색 무광 도료로 했다.

영화 《1917》의 장면들. 등장인물들이 쓰고 있는 것은 마크 원 MK I 브로디 헬멧이다.

브로그와 옥스퍼드 Brogues & Oxfords

'브로그 없는 옥스퍼드'란 무슨 뜻일까?

"브로그 없는 옥스퍼드", 잘못된 번역의 연쇄 작용

"브로그 없는 옥스퍼드"는 영화 《킹스맨》에 나오는 대사이다. 요원 식별에 사용되는 일종의 암구호로 사용되었다.

그런데 이는 잘못된 번역이다. 원래의 영어 대사는 "Oxfords not brogues"인데, 그 뜻은 "브로그 구두 말고 옥스퍼드 구두" 쯤 된다. 첩보 영화 '007 시리즈'에서 주인공 제임스 본드가 마티니를 주문할 때 늘 하는 대사, "Shaken, not stirred(젓지 말고 흔들어서)"를 차용한 것이다.

잘못된 한글 번역을 참고하여 "Oxfords not brogues"를 "끈 없는 옥스퍼드 구두" 혹은 "구멍장식 없는 옥스퍼드 구두"로 잘못 해석한 매체도 많다. 그래서 '브로그'를 구두 끈, 구두의 구멍장식으로 잘못 알고 있는 사

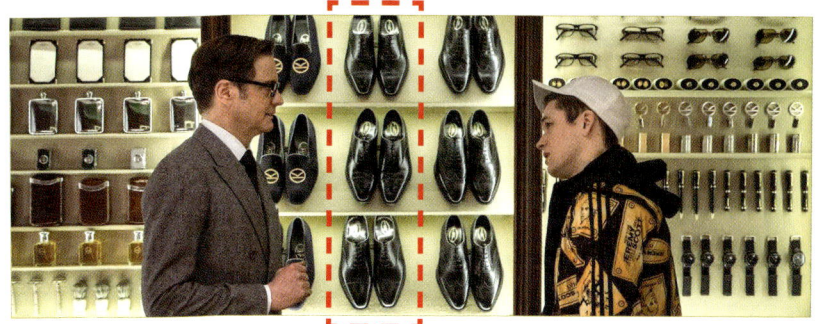
영화《킹스맨》의 한 장면. 두 사람 사이에 진열된 구두 중 푸른 점선 안의 것이 옥스퍼드 구두이다.

람들이 많다.

그렇다면 브로그는 무엇이며 옥스퍼드와는 어떻게 다를까. 그리고 영화《킹스맨》의 요원들은 왜 "브로그 구두 말고 옥스퍼드 구두"를 암구호로 정했을까?

아일랜드 지방의 작업화 브로그

역사적으로 먼저 등장하는 것은 '브로그 Brogue'이다. 게일어 'bróg'에서 온 것으로 '신발'이란 뜻이다. 브로그는 16-17세기 아일랜드에서 일정한 디자인을 가진 상품으로 정착했다는 것이 정설이다.

아일랜드, 스코틀랜드 사람들은 브로그를 육체노동, 야외 활동을 할 때 신는 작업화로 애용했다. 군대에서도 영내 노동, 행군 시에 브로그를 신었다. 그렇기에 브로그는 '밖에서나 신는 신발'이었다. 브로그를 신고 집안, 사무실에 들어온다든가 사람을 만나는 것은 예의에 어긋나는 행동이었다.

브로그는 점차 고유의 디자인, 체계화된 제작법을 갖춰 나갔다. 브로그는 가죽 여러 겹을 덧대어 만들었다. 덧대 재단한 가죽 말단은 톱니 모양으로 자르고, 신발 표면에는 구멍을 뚫어 통기성과 발수성을 높였다. 톱니 모양을 세레이션 serration, 뚫어 놓은 구멍을 퍼포레이션 perforation이라고 한다.

가죽 여러 겹을 덧대 만든 이유는 두 가지로 추측할 수 있다. 첫째는 쓰고 남은 자투리 가죽을 이용했기 때문이다. 둘째는 덧대어 입체적으로 꿰매는 것이 보다 편리했기 때문이다. 그렇다면 세레이션과 퍼포레이션은 왜 집어넣었을까?

말단을 일자로 재단하면 신고 다니다 재단 부위가 쉽게 낡으며 또한 상했을 때 확 티가 난다. 일자로 하는 대신 톱니 모양 세레이션으로 처리하면 탄력-회복성도 높아지고 낡아도 티가 덜 난다. 퍼포레이션의 유래는 통기성과 발수를 위해 가죽에 뚫어놓은 구멍이다. 기원은 로마 시대까지 거슬러 올라간다. 세레이션과 퍼포레이션의 최초의 목적은 기능 향상이었으나 점차 장식적 측면이 강해졌다.

브로그의 명맥은 17세기 이후 끊긴 것으로 보인다. 그 시대에 누가 평민들이 신는 작업화의 전통을 이어나갈 수 있었겠는가. 브로그 구두는 한동안 암각화 속의 상형문자처럼 과거의 유물로만 남았다.

상_ 더블린 지방에서 발견된 17세기의 브로그. 가죽 여러 겹을 덧대 재단하여 만든 것을 확인할 수 있다.
하_ 로마 시대 것으로 추정되는 가죽 신발. 신발 전체에 뚫린 구멍은 통기와 발수를 위한 초기 형태의 퍼포레이션

프랑스에서 넘어온 굽 높은 구두

18세기 신발의 전형은 프랑스 귀족들이 신는 굽 높은 구두였다. 굽 높은 구두는 의전용, 행사용으로, 귀족은 현장에 도착한 다음 이 부츠로 갈아 신고 마차에서 내려 왕궁, 연회장에 입장했다.

굽 높은 구두의 외형은 당연히 실용성과는 거리가 멀었다. 정해진 관례의 한도 내에서 최대한 호사스럽게 만들었다. 이는 곧 영국을 비롯한 유럽 귀족들에게 전파되었다.

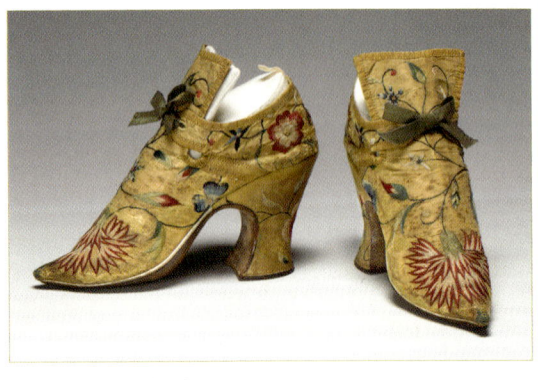

① 17세기 말, 프랑스의 굽 높은 구두
② 18세기 초반 영국의 굽 높은 구두
③ 영국 왕실 행사 참석 복장. 굽 높은 의전용 구두를 신고 있다.

영국식 남성용 구두

다른 패션 아이템과 마찬가지로, 영국은 프랑스의 굽 높은 구두에 실용성을 더했다. 영국 귀족은 값비싼 비단 대신 튼튼한 소가죽을 썼고 화려한 색실로 자수를 놓는 대신 검은색으로 염색을 했다.

이렇게 하여 단순하고 세련미 넘치는 영국식 남성용 구두가 탄생했다. 살펴보면 구두라기보다는 발목 위, 정강이 아래까지를 살짝 덮는 형태의 부츠에 가깝다.

1912년 잡지에 나온
영국 구두 광고

옥스퍼드 구두의 등장

　18세기 이래 영국의 남성용 구두는 찰스 2세 Charles II가 정한 복제 기준에 따라 목이 길고 굽이 낮으며 단추로 잠그는 것으로 정해져 있었다. 아래 사진이 그것이다.

　그런데 19세기 초, 이 관례를 완전히 뒤집은 구두가 나와 대유행했다. 바로 '옥스퍼드 구두 Oxford shoes'이다. 옥스퍼드 구두의 원형은 19세기 초 옥스퍼드 대학생들이 즐겨 신던 '옥소니언 부츠 Oxonian Boots'였다(옥소니언은 '옥스퍼드 대학생'이란 뜻).

　처음 시작은 이랬을 것이다. 어느 날 귀족가 출신의 한 학생이 굽 높고 목 짧은 의전용 구두를 신고 캠퍼스에 나타난다. 입궁할 때나 신는 것을 학교에 신고 오다니! 학생들 사이에선 그야말로 난리가 난다. 다음 날부터 옥스퍼드 대학생들이 하나 둘 집안에 있는 의전용, 행사용 구두를 신고 등장한다. 누군가는 '나도 이런 거 하나씩은 있는 집안이라고!' 하는 심정으로, 또 누군가는 그 구두가 멋져보여서 신었을 것이다.

19세기 영국 남성용 구두

19세기 후반 옥스퍼드 대학 생리학과 단체 사진. 모두 옥소니언 부츠를 신고 있다.

굽 높은 구두는 원래 마차에서 내릴 때 갈아 신는 것이었다. 행사에서 잠시만 신고 있으면 되었다. 그러므로 장시간 신고 캠퍼스를 돌아다니는 데는 적합하지 않다.

이에 몇몇 학생은 가문 전속 구두 장인에게 구두 개량을 의뢰한다. 개량한 구두를 통해 장인의 솜씨, 아이디어가 대번에 드러났다. 그러다보니 옥스퍼드 캠퍼스는 어느새 구두 장인들의 경연장이 되었을 것이다.

귀족가 출신 옥스퍼드 대학생의 눈은 높고 정확하다. 그들은 가장 세련된 것을 가려냈고 여기에 아예 '옥스퍼드 구두'라는 이름을 붙였다.

옥스퍼드 구두의 차별적 특징은 첫 번째, 구두의 목이 복숭아 뼈 근처까지 내려온 것이다. 두 번째, 단추 잠금 방식을 레이스-업 lace-up; 끈 묶음 방식

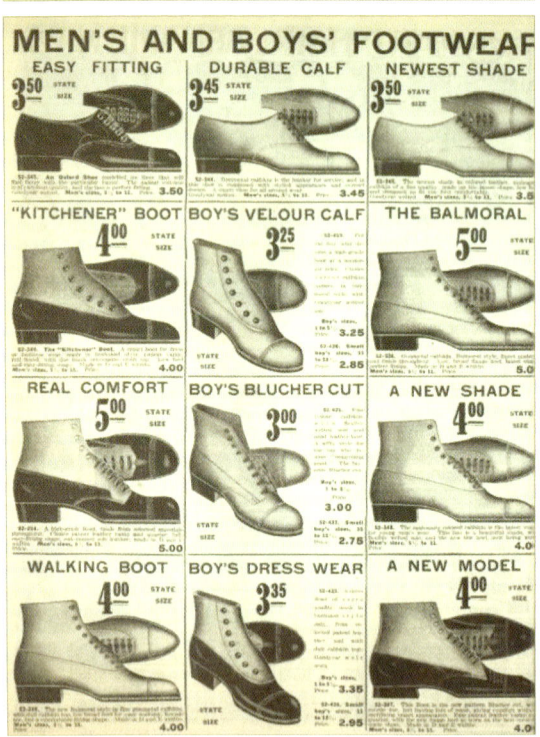

상_
1916년 잡지에 나온 구두 광고들. 상단에 개량을 거쳐 좀 더 단순해진 옥스퍼드 구두가 보인다. 오늘날의 것과 큰 차이가 없다.

우_
한국 육군에서 간부들에게 보급하는 '단화(정장, 근무복용)'도 옥스퍼드 구두이다.

으로 바꾼 것이다. 이후에도 장식을 없애고 극도의 단순함을 추구하는 쪽으로 개량이 이어졌다.

패션리더 윈저 공과 브로그 구두

사랑을 위해 왕위를 포기한 왕 윈저 공 Duke of Windsor은 평범을 거부하는 멋쟁이, 세기의 패션 스타였다. 그가 입고 걸친 모든 것은 대유행했다. 특히 '스포츠 웨어'의 개념이 달리 없던 당대에 윈저 공이 골프, 승마, 조정, 럭비를 할 때 입은 옷은 시대의 기준이 되었다.

이런 윈저 공이 1930년 초반 골프 필드에 신고 나타난 것이 바로 '브로그 구두 Brogue Shoes'였다. 20세기 잉글랜드의 옥스퍼드 구두와 17세기 아일랜드의 브로그를 결합한 형태였다.

새로운 형태의 구두를 신고 골프, 럭비를 하고 있는 윈저 공

1939년 미국의 한 구두 광고

    윈저 공의 브로그 구두는 가죽 여러 장을 덧대고 세레이션과 퍼포레이션을 가득 넣은 것이었다. 게다가 덧댄 가죽의 색은 짙은 갈색에 흰색을 교차로 재단하여 눈에 확 띄었다.

    정제된 세련미를 강조하던 영국 상류 사회에서 이것은 대단한 파격이었다. 브로그 구두가 유행을 넘어 남성용 구두의 한 전형으로 자리 잡은 것은 윈저 공 덕이었다. 왕족인 그가 선도하지 않았더라면 다른 이들도 따라 신을 엄두를 못 냈을 것이기 때문이다.

브로그 구두의 종류와 특징

    브로그 구두는 어느 곳을 어떻게 덧대 만들었느냐에 따라 풀 브로그 full brogues, 세미 브로그 semi-brogues, 쿼터 브로그 quarter brogues 등으로 나뉜다.

    풀 브로그는 앞코와 옆날개를 모두 덧댄 구두이다. 앞코의 형태는 갈

매기 형태이다. 이에 비해 앞코만 일자로 덧댄 구두를 세미 브로그라고 한다. 쿼터 브로그는 세미 브로그와 마찬가지로 앞코를 덧댔지만, 퍼포레이션이 없다.

원저 공이 신었던 두 가지 색의 구두는 브로그에서 따로 나와 '스펙테이터 슈즈 Spectator Shoes' 즉, '스포츠용 구두'로 분리되었다. 일상에서 신는 구두로 분류하기에는 너무 현란했기 때문이다. (다음 페이지 참조)

상_ 좌로부터 풀 브로그, 세미 브로그, 쿼터 브로그
하_ 다양한 컬러의 풀 브로그

스펙테이터 슈즈

"브로그 구두 말고 옥스퍼드 구두 Oxfords not brogues"는 어떤 구두인가

브로그 구두가 선풍적 인기를 얻자 수많은 아류작이 생겨났다. 그러나 시간이 지나면서 옥스퍼드 구두와 브로그 구두 사이에 명확한 구분법이 생겼다. 옥스퍼드 구두가 브로그 구두와 다른 차별적 특징은 두 가지이다. 첫째는 세레이션이나 퍼포레이션 같은 장식이 없는 것이다. 아래 사진의 상단이 세레이션과 퍼포레이션이 있는 풀 브로그, 하단이 아무 장식 없는 옥스퍼드이다. 둘째는 발등 아래쪽 가죽(뱀프 vamp)이 위쪽의 끈 구멍 있는 가죽(아일릿 eyelets) 위로 올라오는 것이다. 아래의 사진과 그 설명을 보고나면 이해가 빠르다.

구두의 소재와 전체적인 디자인이 같아도 뱀프와 아일릿이 재단된 방식이 다르면 옥스퍼드 구두라고 부르지 않는다. 다음 페이지 사진의 것은 더비 구두 Derby shoes라고 부르는데 자세히 보면 아일릿이 뱀프 위에 위치해 있다.

좌_ 풀 브로그 구두(상)와 옥스퍼드 구두(하)
우_ 흰색 점선으로 표시한 부분이 뱀프이다. 옥스퍼드 구두는 뱀프가 상부의 아일릿 위로 올라온다.

더비 구두

위장 Camouflage

패션 속으로 들어온 위장 僞裝

위장의 역사

1) 제1차 세계대전과 카키색

군대의 위장 camouflage은 경험에 의해 어쩔 수 없이 선택된 생존 방법이었다. 군대는 원래 화려하고 세련된 청, 적, 백의 제복을 선호했다. 그러나 소총의 발달로 인해 각 군대는 눈에 잘 띄는 원색 대신 '씹다 뱉은 풀죽 같은' 카키 khaki색을 제식 색상으로 정했다.

유럽 각국이 카키색을 군복에 적용하기 시작한 것은 제1차 세계대전 때부터이다. 카키색뿐 아니라 전장 환경과 어울리는 여러 색이 제복에 사용되었다. 열대 지역에는 올리브 드랩 olive drab, 사막 지역에는 데저트 옐로우 desert yellow가 제복과 짝을 맞추었다.

2) 제2차 세계대전과 위장

| 나치 독일군의 스플린터 패턴 |

오늘날 우리가 '위장'하면 떠올리는 패턴을 처음 적용한 것은 1930년대 나치 독일군으로 알려져 있다. 독일군은 1920년대 이탈리아군이 개발하여 시험 적용했던 패턴형 위장 방식을 보완하여 '스플린터 패턴 splinter-pattern; Splittertarnmuster'을 내놓았다 (우리말로 하면 '다각 패턴'). 기본색은 초록색, 갈색, 담황색이며 경계를 희미하게 하기 위해 검은색 빗줄을 넣은 것이 특징이다.

나치 독일군의 스플린터 패턴

| 미 해병대의 개구리 패턴 |

위장 적용 군복을 체계적으로 발전시킨 것은 미 해병대이다(나치 독일군의 스플린터 패턴은 예산의 한계와 독일의 패배로 실험적 시도에 그쳤다). 미 해병대는 1940년대 독특한 '개구리 패턴 frog-skin pattern'을 개발한 이래 모든 복제, 장비에 이를 적용했다.

1944년 노르망디 상륙작전을 통해 개구리 패턴은 대중에 알려지기 시작했다. 작전 당시 공중을 통해 투입된 특수부대 요원들은 'M42 태평양 위장 M42 Pacific Camouflage'이 적용된 군복을 입었는데 이는 개구리 패턴의 변형이었다.

1940년대 미 해병대의 개구리 패턴

제2차 세계대전기 미 특수부대용
M42 위장 패턴 군복 상의

3) 베트남전과 미 육군의 나뭇잎 패턴

한편 미 육군은 1948년 독자적으로 '나뭇잎 패턴 leaf pattern'을 개발했다. 이는 한동안 사용될 일이 없다가 베트남 정글전을 통해 소요가 제기되어 1967년부터 미 육군, 해병대 일부에 보급되었다. 그러나 전쟁이 끝나자 패턴이 들어간 위장 군복은 도로 창고 안에 들어갔다.

미 육군이 개발한 나뭇잎 패턴

위장 Camouflage

패션 속으로 들어온 위장

1) 선구적 시도들

제2차 세계대전기와 1950년대 냉전이 본격화 되고 있을 때 위장을 패션에 적용하려고 시도한 이들이 있었다. 선두는 역시나 패션잡지 보그 VOGUE였는데 1943년 10월호에 위장의 역사, 기능 등을 상세히 소개한 이래, 지속적으로 패션으로서의 위장의 가능성을 열어두었다.

그러나 위장이 패션을 포함한 문화의 테두리 내에 들어오는 과정은 험난했다. 위장이 연상시키는 군대의 강압성, 전쟁의 폭력성 이미지가 패션이 가진 그것과 배치되었기 때문이다. 일부 디자이너 등이 위장과 패션을 결합하는 모험적 시도를 했지만 별다른 호응을 받지 못했다.

2) 뜻밖의 일등 공신 : 힙합

위장이 패션에서 하나의 독립된 코드로 인식되는 결정적 계기는 힙합으로부터 왔다. 알려진 바로는 뉴욕 출신의 래퍼 노터리어스 B.I.G. The Notorious B.I.G.가 1990년대 초반 미군 위장 군복을 입고 다닌 것이 시초이다.

노터리어스가 즐겨 입었던 것은 '초콜렛 칩 위장복'이란 별칭으로 더

1991년 걸프 전쟁 당시 사막 전투복을 입고 있는 미군

유명했던 '사막 전투복 Desert Battle Dress Uniform'이다. 미군 전투복을 입음으로써 압도적인 전투력을 갖춘 힙합 사령관으로서의 이미지를 자신에게 투사하고 싶었던 것이다.

노토리어스는 군복 외에도 일반 복장에 위장 패턴을 넣은 패션을 자주 선보였다. 노토리어스를 따라 그가 소속된 소위 '이스트 코스트 힙합'의 구성원들도 위장 패턴이 들어간 옷을 입었다. 그러니까 미군의 사막 전투복이 힙합 아티스트들의 유니폼이 된 셈이다.

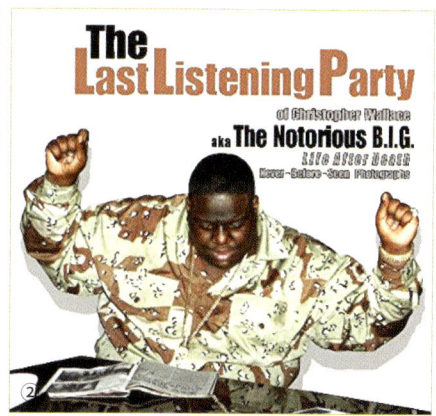

① 스튜디오에서 사막 전투복을 입고 있는 노토리어스와 ② 그의 모습을 담은 앨범 재킷 ③ 위장 패턴이 들어간 후디를 입고 있는 노토리어스 ④ 노토리어스와 라이벌 구도를 형성했던 래퍼 투팍 Tupac도 종종 미군 전투복을 입고 나타났다. 사진은 1996년의 모습

힙합과 위장

1990년대 초반 유명 래퍼들이 미군 위장 군복을 입고 활동하면서 패션으로서 위장의 가능성이 열렸다. 힙합과 위장을 공통분모 삼은 패션 브랜드도 생겨나기 시작했는데, 이를테면 베이프 BAPE 같은 곳이다. 베이프는 노터리어스 등 이스트 코스트 힙합 뮤지션들의 옷을 주문 제작했던 곳으로 지금도 많은 이들의 사랑을 받으며 성업 중이다.

베이프가 만든
위장 패턴 후디

패션과 위장

명품 브랜드 중 패션으로서 위장의 가능성을 알아본 곳 중의 하나는 발렌티노 VALENTINO 이다. 1960년에 론칭한 발렌티노는 과감하고 현대적인 시도들로 1970년대에 세계적 브랜드로 자리 잡았다.

발렌티노는 백색으로 빛나는 유명 연예인들의 예식 드레스를 디자인하는 한편, 위장을 적용한 강렬한 이미지의 여성용 드레스를 선보였다. 오른쪽은 1995년 패션쇼에서 선보인 위장 드레스이다(사진 속 인물은 당대 최고의 톱 모델 클라우디아 쉬퍼).

1995년 패션쇼에서 선보인 발렌티노의 위장 드레스

1990년대 이후 지금까지도 발렌티노는 위장을 중심으로 한 밀리터리 룩 라인을 유지하고 있다. 몇 가지 대표적 디자인을 소개하면 아래와 같다.

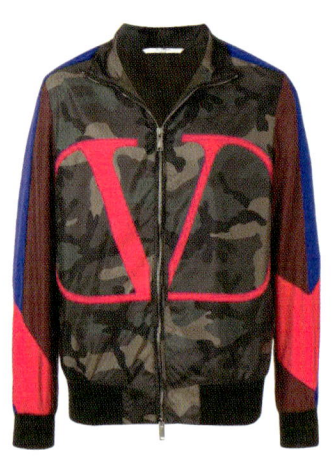 

위장을 디자인에 적용한 발렌티노의 여러 상품들

감추기 위한 위장에서 보이기 위한 위장으로

위장은 원래 군대의 병력, 무기, 장비를 감추기 위한 목적으로 개발된 것이었다. 위장을 통해 군대는 자신의 위치, 종류, 목적을 상대에게 숨길 수 있다. 그렇게 함으로써 적으로부터 나를 보호하고 더 나아가 때로는 갑자기 모습을 드러내 적을 심리적으로 기습하기도 한다. 위와 같은 이유로 위장은 전장 환경과 최대한 자연스럽게 어울려야 한다.

위 사진 속에는 각각 1명의 사람이 저격수용 위장 군복을 입고 있다(화살표 참조). 얼핏 봐서는 전혀 찾을 수 없다.

그런데 패션에서의 위장은 맥락이 조금 다르다. 아래 사진은 최근 유명 브랜드에서 내놓은 위장을 활용한 패션들이다. 기존 패션 디자인에 위장을 코드로 넣은 것도 있고, 위장 군복을 그대로 가지고 온 것처럼 보이는 패션도 있다. 위장 패션을 입은 모델의 모습이, 위장 군복을 입은 군인처럼, 주변 환경에 자연스럽게 녹아 들어가는가? 아니다. 그 반대다. 주변으로부터 도드라져 돋보인다.

뉴욕타임즈에서는 위장 패션의 코드를 "당신을 드러내고 싶을 때를 위한 위장 A Disguise for When You Want to Be Seen"이라고 표현했다(2013년 3

위장의 특징을 다양하게 이용한 패션들. 가방에 위장 패턴만 차용한 코치 제품(좌상). 위장으로 군엽 패턴을 넣은 던힐의 셔츠 재킷(좌하). 군용 야전 상의를 거의 변용 없이 제품으로 내놓은 발렌티노의 2019년 컬렉션(우)

월 20일자). 위장은 기존 패션 문화, 주변 도시 환경과 어울리지 않는 이질적인 패턴이다. 위장 패션은 입은 이의 일거수일투족을 드러나게 하고 강렬한 이미지로 주변의 이목을 집중시킨다. 위장의 본래 목적, 기능과 정반대의 역할을 하는 것이다.

위장 패션을 입은 연예인들

위장 패션을 통해 자신을 드러내고 강렬한 이미지를 각인시킬 수 있다면 이를 가장 즐겨 입을 이들은 다름 아닌 대중의 관심을 먹고 사는 연예인일 것이다.

최근 위장 패션을 잘 소화한 이 중 한 명은 빅토리아 베컴이다. 아무 일도 아니라는 듯 청바지 위에 자연스럽게 입었지만 그녀만의 특별한 멋이 풍겨 주목하게 된다. 그녀가 지나왔을 전쟁 같은 연예계의 에너지가 응축된 것처럼 보이기도 한다.

겨울엔 야전 상의, 여름엔 군용 반팔 티셔츠로 스타일을 살린 빅토리아 베컴

위장 패션하면 퍼렐 윌리암스도 빼놓을 수 없다. 샤넬이나 아디다스 같은 세계적 브랜드와 협업을 성사시키기도 한 이 다재다능한 팝스타는 위장 패션에 현대적인 세련미를 더했다.

위장 패션을 입고 행사에 참석한 퍼렐 윌리암스

위장 패션을 가장 사랑하는 연예인은 아마도 가수 리한나가 아닐까한다. 리한나는 일상과 공식 행사를 가리지 않고 위장 패션을 자주 선보였다. 그녀의 위장 패션 특징은 짧은 치마나 몸에 달라붙은 가죽 옷 위에 매칭하여 강렬한 이미지를 남기는 것이었다.

그녀의 남다른 사랑 덕택이었는지 리한나는 2012년 영화 《배틀 쉽》에 오리지널 위장 패션인 전투복을 입고 등장한다.

다양한 위장 패션을 선보인 리한나. 맨 아래는 영화《배틀 쉽》에서 미 해군으로 분한 리한나

영화 출연 이후 리한나의 위장 패션은 한 단계 업그레이드된다. 지난 2015년 패션 잡지 보그는 리한나의 위장 패션을 평가하면서 '위장을 활용하여 자신을 가장 잘 드러내는 대담한 패션을 추구했다'고 썼다. 기사의 마무리 문장은 패션 속으로 들어온 위장이, 전장 생존을 위해 고안된 군대 위장의 본래 목적과 얼마나 멀리 분화되었는지 체감하게 한다.

"감추는 게 목적인 위장을 사용하여 오히려 자신을 주목하게 만들었는데 그 위장들이 다시 미스매치가 되게 함으로써 더욱 도드라지게 하는 데 성공했다."

위장 패션을 입고 뉴욕을 활보 중인 리한나

힙 플라스크 Hip Flask

술꾼의 친구

루이스 닉슨 대위의 애장품

　미국 드라마《밴드 오브 브라더스》(2001) 속 루이스 닉슨 대위(실존 인물이기도 하다)는 전쟁극에 으레 등장하는 인물 전형 중 하나를 연기한다. 바로 '부유한 집안에서 태어난 자유분방한 성격의 주인공 친구'. 루이스 닉슨 대위는 사업가 집안에서 태어나 예일 대학교를 다니다가 제2차 세계대전이 발발하자 입대한 엘리트로, 극의 클라이막스에서는 정보장교, 작전장교 등 참모 직책을 수행한다.

　주어진 캐릭터에 맞게 기행도 많이 펼치는데 특히 술 마시는 장면이 많이 나온다. 숨겨 놓고 마시고 대놓고 마시다가 나중에는 독일군 고위 장교 술 창고를 찾아내 실컷 마신다. 그것으로도 모자랐던지 그는 영내,

틈만 나면 술을 꺼내드는 《밴드 오브 브라더스》의 주요 인물, 루이스 닉슨 대위

숙소, 기차 등 장소불문 틈만 나면 어디선가 은빛 나는 작은 통을 꺼내 또 그 안에 든 술을 마신다.

한국에서 이 드라마가 방영된 2004년 나는 후방 어느 부대의 작전장 교였다. 루이스 닉슨 대위의 품에서 나오는 저 반짝반짝 빛나는 작은 통은 무엇인지, 저런 건 어디서 구할 수 있는지 매우 궁금했다. 그러나 눈코 뜰 새 없이 바쁜 야전 생활 속에서 그런 사소한 호기심은 금방 잊었고 시간은 훌쩍 지났다.

영화《1987》속 하정우가 들고 다니는 힙 플라스크

지난 2017년 영화《1987》을 보고 있는데 화면 속 한 장면에서 기시감이 들었다. '뭐지...' 하고 있는데 등장인물인 검사 최환의 얼굴 위에 루이스 닉슨 대위의 그것이 겹쳤다. 실은 얼굴이 아니라 그 둘이 들고 있는 은빛 나는 작은 통 '힙 플라스크 Hip Flask'가 겹쳤던 것이다.

극중 최환은 대학 때 민주화 운동을 했지만 지금은 그 대극對極에서 활동하는 공안 검사이다(역시 실존 인물). 법을 지키는 검사이지만 압류된 양주를 조금씩 빼내서 태연히 마시고 다닌다. 힘들게 사법 고시에 합격하여 검사가 되었지만 당직실에서 매일같이 짜장면으로 식사를 때우는 신세. 루이스 닉슨이 처한 상황과 맥락이 매우 비슷하지 않은가. 명문 대

극 초반부 압류 양주를 힙 플라스크에 따라서 마시는 장면

학을 다녔지만 지금은 전쟁터에서 바닥을 박박 기고 있다. 부유한 집에서 부러울 것 없이 살았는데 지금은 양주를 몰래 숨겨 놓고 조금씩 몰래 마셔야 한다. 병사로 입대했다가 어렵게 장교가 되었는데 알콜의존증으로 언제 좌천될지 모르는 처지이다. 그러니까 힙 플라스크와 그 안에 든 위스키는 위의 두 등장인물이 처한 상황의 이중성을 드러내는 장치이다.

극 중반부 자신의 애장품인 힙 플라스크를 던져 버리면서 "뭐, 소주 먹고 살지 뭐"라고 혼잣말을 내뱉는다.

힙 플라스크의 유래를 찾아서

힙 플라스크는 '목을 축일 정도의 술을 갖고 다닌다'는 단순하지만 간절한 발상에서 나온 것이다. 그 염원과 발상을 추적하면 중세 이전까지 올라갈지도 모른다.

언제부턴가 술꾼들은 식물 껍질이나 동물 내장으로 만든 술통을 휴대하고 다녔다. 그러나 술이 상하고 새는 문제가 있었다. 금속이나 유리로 술병을 만들 수도 있었지만 그건 너무나 비쌌다. '아무리 비싸다 하더라도 돈 많은 귀족이라면 상관없잖아' 생각할 이가 있을지 모르겠다. 그러나 생각해보라. 그 정도로 술을 좋아한다면 왜 목을 축일 정도만 갖고 다니겠는가. 돈 많은 귀족이라면 한 통이든 두 통이든 하인들을 시켜 짊어지고 다니면 될 일이었다.

결국 '목을 축일 정도의 술을 개인적으로 휴대하여 갖고 다니고 싶다'는 욕망은 평민의 것이었다. 일이 고되고 힘들 때 한 모금, 헛간에서 잠을 청할 때 몸을 데워줄 한 모금이 필요했던 평민들 말이다.

평민의 휴대용 용기 사용이 금전적, 사회적으로 허용된 것은 18세기부터였다. 이전에는 비싸서 못 샀고 살 수 있어도 평민에게까지 돌아갈 몫이 없었다. 행여 구할 수 있다고 해도 평민이 귀한 휴대용 용기를 사용하는 것은 생각지 못할 일이었다.

가죽 덮개 힙 플라스크

그렇다면 우리가 '힙 플라스크'라고 부를만한 최초의 제품은 언제 등장했을까? 현재까지는 1800년대 중반으로 추측된다. 아마 1850년을 전후한 시기에 판매용 제품들이 생산되기 시작했을 것이다.

① 1890년경 실제 사용되던 가죽 덮개 힙 플라스크. 안쪽 용기는 유리, 아래 덮개는 주석이며, 위쪽은 가죽으로 마무리했다. ② 남북전쟁기에 사용된 가죽 덮개 힙 플라스크

①번 사진 속 유물은 1890년대 호주에서 사용하던 힙 플라스크이다. 제품 아이디어가 흥미롭다. 주석으로 만들면 튼튼한데 맛이 변하고, 유리로 만들면 맛은 그대로나 쉽게 깨지니 둘의 장점을 하나로 모았다. 보는 것처럼 유리 용기의 아래쪽을 주석으로 씌워서 말이다. 위쪽은 가죽으로 덮었다.

②번 사진 속 힙 플라스크는 1866년에 특허를 얻은 제품이다. 가죽 덮개 힙 플라스크라고 불렀다. 남북전쟁기에 사용되었던 것으로 추정된다. 하단부 주석 덮개는 컵으로 쓸 수 있도록 밑면을 평평하게 디자인했다.

가죽 덮개 힙 플라스크는 오늘날까지도 그 디자인을 고스란히 유지하고 있다. 영화 《스파이 게임》(2001)에서 이 가죽 덮개 힙 플라스크가 인상적인 장치로 등장한다.

영화 속 로버트 레드포드(뮈어 역)는 임무가 최우선인 CIA 고참이다. 그는 어느날 자신이 선발하고 교육시킨 CIA 신참 브래드 피트(비숍 역)로부터 생일 선물을 받는다. 임무지에서 사온 것이라며 비숍이 내놓은 것은 가죽 덮개 힙 플라스크.

시간이 지나 뮈어는 은퇴를 코앞에 두고 있는데, 비밀 임무를 수행하던 비숍이 죽을 위험에 처한다. CIA 작전 절차대로라면 비숍은 죽는 것이 맞다. 뮈어도 평생 그렇게 살아왔다. 그러나 뮈어는 그답지 않게 고민을 거듭한다. 뮈어의 손에는 비숍이 선물했던 가죽 덮개 힙 플라스크가 들려있다. 결국 뮈어는 조직의 규정, 자신의 원칙을 깨고 비숍을 돕기로 한다.

영화 《스파이 게임》에서 레드포드가 가죽 덮개 힙 플라스크를 선물 받는 장면

스테인레스 스틸 힙 플라스크

영화《스파이 게임》처럼 힙 플라스크를 인상적 장치로 사용한 영화가 또 있다. 니콜라스 케이지에게 아카데미 남우주연상을 안긴《라스베가스를 떠나며》(1995)이다.

여주인공 엘리자베스 슈(세라 역)와 남주인공 니콜라스 케이지(벤 역)는 각각 인기 없는 창녀와 실패한 영화 작가로 인생의 막장에 와 있다. 벤은 심한 알콜 중독으로 언제 죽어도 이상하지 않은 상태. 사랑을 느낀 세라는 어느 날 힙 플라스크를 벤에게 선물한다.

《라스베가스를 떠나며》에 나오는 힙 플라스크는 스테인레스 스틸 재질이다. 우리가 '힙 플라스크'하면 흔히 떠올리는 바로 그 외형이다.

스테인레스 스틸 힙 플라스크는, 개인의 주류 취급을 금지한 1920년대 미국에서 고안, 유행했다는 항간의 설이 있다. 반은 틀리고 반은 맞다. 1900년대 초반에 이미 힙 플라스크를 테마로 하는 다양한 특허가 나왔으

영화《라스베가스를 떠나며》에서 세라가 벤에게 스테인레스 스틸 힙 플라스크를 선물하는 장면

니 1920년대에 고안했다는 말은 틀리다. 1920년대에 취급 금지된 술의 샘플을 몰래 전달하기 위한 용기로, 모임에 다만 몇 모금의 술이라도 들고 가기 위한 목적으로 힙 플라스크가 널리 사용되었으니(술통이나 술병을 들키면 안 되기 때문에) 이때 유행한 것은 맞다.

1920년 워싱턴 헤럴드의 기사에 다음과 같은 묘사가 등장한다. "파티가 시작되면 열 개의 플라스크들이 나온다. 엉덩이 쪽 주머니에서 그것을 꺼내어 다들 마시기 시작한다. 누군가는 생각할 것이다. 그래, 이게 자유 국가지."

이 기사의 표현에서 '힙 플라스크'라는 명칭의 유래를 짐작할 수 있다. 헐렁한 티셔츠에 작업복 바지 하나 달랑 입고 일하는 노동자가 어디에 플라스크를 넣어 휴대했겠는가. 바로 바지 뒤춤 엉덩이 hip 쪽 주머니이다. 그래서 '힙 플라스크'라 부른 것이다.

'힙 플라스크'에는 다른 별칭도 있다. 바로 '키드니 플라스크 Kidney Flask'이다('kidney'는 '신장'이다). 이것은 중의적 명칭인데 우선 플라스크의 외형이 위에서 보면 신장과 비슷하다. 그리고 들고 다닐 정도로 술을 마시면 신장이 상한다는 뜻도 있다.

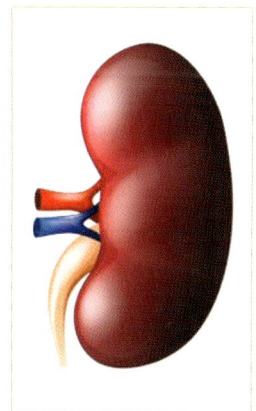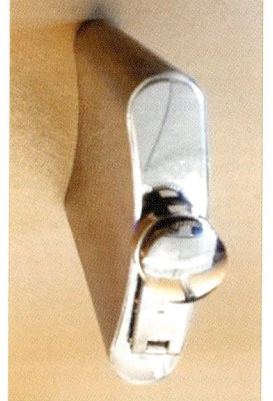

우리 몸 속 신장의 모습(좌), 힙 플라스크를 위에서 촬영한 모습(우)

22
정글 모 Jungle Hat

촌뜨기 모자가 아니라... 양동이 모자야!

예초병의 단짝, 정글 모

한 여름 예초기 작업을 한 번이라도 해본 사람은 안다. 이것은 매우 고통스런 작업이다. 한국군은 오랫동안 이 격무를 병사에게 시켰다. 불합리한 사역이었다.

그래서 지난 2018년 3월 국방부는 '교육훈련 이외의 작업을 금지한다'고 발표하면서 콕 집어 '예초병을 없애겠다'고 했다. 과연 정말로 없어졌을까? 없어졌다면 오른쪽 사진은 다시 볼 수 없을 광경이다.

한 병사가 잡초 무성한 평원에 서 있다. 그가 입고 있는 구형 군복 바지와 앞에 있는 돼지풀 군락을 볼 때 아마도 2011년 여름인 듯하다. 예초기를 돌리는 병사에게 지급되어야 마땅한 보호장구, 보안경은 보이지 않

돼지풀 군락 앞에 서있는 한 예초병의 모습

는다. 병사에 대한 배려는 사제 '정글 모'가 전부이다.

한여름 뙤약볕 아래서 작업할 때 한 번이라도 '정글 모'를 써본 사람은 안다. 이것이 매우 유용한 모자이다. 정글 모는 어디에서 유래했을까?

베트남전과 분덕스 햇의 등장

우리가 '정글 모'라고 부르는 모자는 베트남전 당시 미 육군 특수부대 그린 베레 Green Berets가 처음 만들어 썼다. 그린 베레의 챙 없는 베레모는 베트남의 뜨거운 태양을 막아주지 못했다. 그래서 그들은 현지에서 챙 있는 모자를 구한 뒤 겉에 전투복을 덧대어 썼다. 이것이 정글 모의 시작이다.

미군은 이것을 '분덕스 햇 Boondocks hat'이라고 명명했다. '분덕스'는 필리핀어로 '산(악)'이란 뜻이다. 베트남전에서 사용하는 미군 특수부대 모자 이름을 낯선 타국어로 정한 이유는 무엇이었을까?

공식 기록에는 현지에서 챙 있는 모자를 쓰라 권한 것도 '분덕스 햇'이라 명칭을 붙인 것도 '어느 군사고문관'의 아이디어였다고 쓰여 있다. 이 군사고문관은 정글전·게릴라전 전문가였을텐데, 필리핀 파병 경험이 있는 미군이거나 필리핀 특수임무부대원이었을 것이다. 모자의 디자인도, 명칭에 사용한 '분덕스'도 그 유래가 필리핀과 관련 있기 때문이다.

상_ 1964년 7월, 남베트남 훈련 캠프의 미 특수부대원. 정찰모 혹은 베레모를 쓰고 있다. 하_ 베트남전 초기, 현지에서 제작한 분덕스 햇

필리핀군의 발리와그 햇

분덕스 햇의 원형은 필리핀군이 쓰던 챙 넓은 모자 '발리와그 햇 Baliwag Hat'으로부터 찾을 수 있다. 필리핀 육군은 1897년 스페인 압제에 저항하는 과정에서 처음 결집되었다. 자생 의용군 성격이 강했던 이들은 발리와그강 유역 농민이 쓰던 밀짚 모자를 유니폼처럼 착용했다. 이것이 발리와그 햇이다.

필리핀군은 20세기 이후에도 발리와그 햇을 개량해서 써오고 있다. 발리와그 햇이 필리핀의 역사와 저항정신을 상징하며, 무엇보다 고온다습한 열대 작전환경에서 매우 유용하기 때문이다.

필리핀군 발리와그 햇은 열대 평원이나 사막에서라면 몰라도 우림이나 늪 지역에선 불편하다. 모자 통이 높고 챙이 넓어 여기저기 걸리기 십상이다.

19세기 말~20세기 초 필리핀 병사들의 복장. 모두 머리에 발리와그 햇을 쓰고 있다.

그래서 베트남전 군사고문관은 통을 낮추고 챙을 줄였다. 소재는 면 혼방으로 했다. 디자인과 소재가 바뀌었으니 새 이름을 붙이되 필리핀군 모자로부터 착안한 사실을 짐작할 수 있도록 '분덕스 햇'이라 한 것이다.

좌_ 필리핀-미국 전쟁 당시 발리와그를 쓴 필리핀군
하_ 1960년대 수송기 탑승을 위해 대기하고 있는 필리핀 특수임무부대 대원들. 왼쪽에서 두 번째 군인이 개량형 발리와그 햇을 쓰고 있다.

1960년대 말 베트남전 당시 미 특수정찰대의 모습. 분덕스 햇을 쓰고 있다.

정글 모 Jungle Hat

정글 햇

1967년 미 육군은 그린 베레가 쓰던 분덕스 햇의 보급 범위를 일반 보병으로까지 넓혔다. 머리에 딱 맞게 낮추었던 통은 조금 높였다. 머리 위에 공간을 두어 온열병을 예방하기 위해서였다. 챙은 햇빛을 충분히 가릴 수 있게 다시 늘렸다. 대신 양쪽을 묶어 올릴 수 있게 했다. 명칭은 '정글 햇 Jungle Hat'으로 바꾸었다.

냉전이 본격화되면서 미 육군은 전 세계에 주둔했고 정글 햇은 열대 및 아열대에 근무하는 장병의 필수 보급품이 되었다.

좌_ 베트남전 당시 정글 햇을 착용하고 있는 장병들 우_ 1960년대 후반 미 해병대 모집 홍보 포스터

썬 햇

아랍이나 아프리카 지역에서 근무하는 미군들도 정글 햇을 썼다. 그러나 그곳의 지형 특성은 정글과 거리가 멀었다. 미군은 1968년 사막 기후에 맞게 더 높고 넓은 모자를 만들어 보급했다. 분덕스 햇의 원형인 개량형 발리와그 햇과 매우 유사한 이 모자에는 '썬 햇 Sun Hat'이란 이름이 붙었다.

아래 사진 속 군인은 2004년 쿠웨이트에서 작전 중인 미군이다. 사막 위장 패턴이 들어간 복장을 하고 있다. 그 아래 사진은 두 군인을 확대한 것인데, 왼쪽은 정글 햇이고 오른쪽은 썬 햇이다.

2004년 쿠웨이트에서 작전 중인 미군. 좌측과 우측 군인의 모자는 통과 챙이 다르다.

정글 모 Jungle Hat

모두 '부니 햇'이라고 불렀다

그런데 베트남전 당시 미군 병사들은 자신들에게 지급된 모자를 분덕스 햇이라고 부르지 않았다. 나중에 명칭이 정글 햇으로 썬 햇으로 바뀌었어도 그랬다. 그때나 지금이나 모두들 '부니 햇 Boonie Hat'이라 부른다. 왜일까?

추측할 수 있는 첫 번째 이유는 발음이다. '분덕스'의 'dock'은 '개'를 뜻하는 'dog'과 발음이 비슷하다. 베트남전에서 'dog'은 초짜 신병, 애먼 전우를 물고 늘어지다가 함께 죽는 골칫덩어리를 뜻하는 속어였다. 병사들은 이 발음을 하면 재수가 없다고 믿었다. 그래서 '분덕스 햇' 대신 발음이 대충 비슷한 '부니 햇'으로 불렀을 것이다.

두 번째 이유는 좀 특이한데, 어느 유태계 미군이 분덕스 햇을 보고 '어? 이거 우리 고향의 시골뜨기 모자잖아?'라고 말한 것이 명칭으로 굳었을 가능성이 있다.

베트남전 당시 부니 햇을 쓰고 있는 호주군 병사들

유태인이 쓰던 '성도의 모자 כובע טמפלרים'

19세기 말부터 20세기 초까지 전 세계에 흩어져 있던 이스라엘인들이 팔레스타인으로 대거 귀환했다. 그중 주변국 영토에 흩어져 살던 이스라엘인들은 육로를 따라 이동했다.

이동하는 이스라엘인들은 독특한 모자를 쓰고 있었다. 태양의 열과 빛으로부터 머리와 눈을 보호할 수 있도록 만든 고깔 모양의 것이었다. 유태교 전통 모자인 '키파 kippah'에 챙을 연결한 형태였다.

이스라엘인들은 이를 '성도의 모자 כובע טמפלרים'라고 불렀다. 그런데 아랍인들은 이를 '촌뜨기 모자 כובע טמבל'라고 불렀다. '성도'와 '촌뜨기'의 발음이 각각 /templar/와 /tembel/로 비슷했기 때문이다. 실제 쓰고 있으면 촌뜨기처럼 보이기 때문에 지금은 이스라엘인들도 이 모자를 '촌뜨기 모자'라고 부르고 있다.

아래 사진이 이스라엘의 촌뜨기 모자이다. 그런데 가만히 보면 베트남전 초기에 보급된 분덕스 햇과 매우 비슷하다. 따라서 분덕스 햇을 처음 본 유태계 미군과 그의 동료 사이에 이런 대화가 오고 갔을 것이다.

(분덕스 햇을 본 유태계 미군이) "어? 이거 우리 고향에서 쓰던 'כובע טמבל'잖아?" "그게 뭐야?"

"응, טמבל는 이스라엘어인데 영어로는 boonie(촌뜨기) 정도 되겠다." "아, 그럼 'boonie hat'이라고 부르면 되겠구만."

성도의 모자를 쓰고 있는 이스라엘인들

베트남전에서 돌아온 아버지와 형이 쓰던 낚시 모자

오른쪽의 두 사진을 보자. 컬러를 제외하면 기본적으로 같은 디자인이다. 왼쪽은 미군의 부니 햇이다. 오른쪽 사진은 한 패션쇼에서 선보인 '버켓 햇 Bucket Hat'이다. 외형적으로 매우 유사한 이 둘 사이에 무슨 연결고리 같은 것이 있을까?

일반적으로 '버켓 햇은 아일랜드의 어부들이 쓰던 모자에서 유래했다'고 알고 있다. 그러나 외형의 유사성을 제외하면 버켓 햇과 아일랜드 어부 사이에는 별 연관성이 없다.

그보다는 '버켓 햇은 베트남전에서 돌아온 아버지, 형이 쓰던 부니 햇에서 왔다'고 보는 것이 타당하다. 베트남전 참전자들은 전장에서 쓰던 부니 햇을 일상에서도 요긴하게 썼다. 왜 아닐 것인가. 뜨거운 태양 아래서 작업을 하거나 낚시를 할 때 이보다 실용적인 모자는 없었다. 심지어, 참전자 중 일부는 반전 시위에도 부니 햇을 쓰고 나갔다.

그리고 어느 하루, 자녀 혹은 동생이 이렇게 묻지 않았을까?

"그 모자는 뭐라고 불러요?"

"이거 B...... (차마 Boonie Hat 즉, 촌뜨기 모자라고 말하지 못하고), 이거 B... Bucket Hat이야. 버켓을 뒤집어 놓은 것처럼 보이잖아."

상_ 좌측은 부니 햇, 우측은 버켓 햇이다. 하_ 1960년대 반전 시위 장면. 베트남전 참전자들이 부니 햇을 쓰고 대열에 동참한 모습을 볼 수 있다.

레드 코트 Red Coat

영화《씬 레드 라인》과 영국군의 레드 코트

영화《씬 레드 라인》에 나오지 않는 것

《씬 레드 라인 The Thin Red Line》(1998)은 태평양 전쟁기 '과달카날 전투(1942)'를 배경으로 한 영화이다. 제임스 존스 James Jones의 동명 소설이 원작이다. 우리에게는 내용보다 화려한 출연진으로 유명하다. 숀 펜, 에이드리언 브로디, 존 쿠삭, 우디 해럴슨, 닉 놀티, 조지 클루니, 존 트라볼타, 자레드 레토와 같은 대형 연기파 배우들이 대거 등장한다.

《씬 레드 라인》은 1999년 베를린 영화제에서 금곰상을 받았다. 아카데미 영화제에서는 본상 7개 부문에 노미네이트 되었으나 수상은 없었다.《라이언 일병 구하기》,《셰익스피어 인 러브》,《인생은 아름다워》등 대작에 밀렸기 때문이다.

영화 《씬 레드 라인》의 포스터

소설(영화) 제목을 '씬 레드 라인'으로 한 이유는 무엇이었을까? 한 평론가는 너무나도 사소하게 갈리는 삶과 죽음, 모호한 현실과 비현실의 경계를 '씬 레드 라인' 즉, '얇고 붉은 선'으로 은유한 것이라고 했다. 그러나 원작자와 감독은 이에 대해 별 다른 설명을 하지 않았다.

또 누군가는 '씬 레드 라인'이 과달카날 전투에서 사용되었던 실제 작전명이며 이 작전이 영화의 배경이라고 주장했다. 그러나 과달카날 전투 관련 기록에는 작전명 '씬 레드 라인'이 없다.

확실하게 말할 수 있는 것이 하나 있으니, '씬 레드 라인'은 1854년 '발라클라바 전투 Battle of Balaclava' 당시 영국군 보병 전법에서 유래한 표현이다.

영국군의 선형 횡대

'씬 레드 라인'은 18세기 이래 영국군이 발전시킨 '선형 횡대 전법 Line Formation'을 한 기자가 시적으로 표현한 것이다. 영국군 보병의 제식 복장이 적색이었으므로 '레드' 라인이라고 했다.

1) 선형 횡대 전법의 등장

선형 횡대 전법은 보병 소총 화력을 극대화하기 위한 전투 대형, 소부대 전술이었다. 평지에 2오 伍 횡대로 서서 제1오와 제2오가 교대로 사격하는 것이 핵심이다.

전장에서 선형 횡대 전법이 효과를 발휘하려면 당시 평균을 웃도는 훈련을 해야 했다. 군인 정신과 군기의 수준도 매우 높아야 했다. 적 포병 사격과 기병 돌격에도 대오를 이탈하지 않아야 했으니 말이다. 영국군 장병에게 선형 횡대 전법은 '지겨운 반복 훈련과 따분한 정신 교육'의 동의어였다.

2) 발라클라바 전투와 선형 횡대 전법

선형 횡대 전법의 진가는 1854년 '발라클라바 전투'에서 드러났다. 1854년 10월 25일, 영국군이 러시아군을 공격하여 크림 반도 남부의 발라클라바 성을 탈취했다. 때는 크림전쟁(1853-1856)의 전반부였다. 발라클라바 성은 전략적 요충지인 세바스토폴 항구로 진입하는 발판이었기 때문에 러시아는 곧장 정예부대인 기병대를 보내 역습을 시도했다.

러시아 기병대를 제1선에서 막은 것은 영국군 보병 부대였다. 이들은 수적 열세에도 불구하고 러시아 기병대가 코앞에 올 때까지 물러서지 않고 대오를 지켰으며, 선형 횡대 전법에 기반한 사격으로 러시아군에 큰 피해를 입혔다.

초반부터 기세에서 밀린 러시아 역습 부대는 발라클라바에서 퇴각했

1854년 10월 25일 영국 기병대의 돌진을 묘사한 그림. 고프리 자일스의 1897년 작,《발라클라바 전투에서 중기병여단의 돌진》

다. 퇴각하면서 상부에 '영국군의 숫자가 판단했던 것보다 훨씬 많은 것 같다'고 보고했다. 선형 횡대 전법의 임팩트가 그만큼 컸던 것이다.

'씬 레드 라인'이란 표현이 이때 등장한다. 종군 기자 윌리엄 러셀은 영국군 방어선 맨 앞에서 활약한 영국 보병을 "강철의 전열 최첨단에 한 줄의 적색 선 a thin red streak tipped with a line of steel"으로 표현하여 기사를 송고했다. 이 표현이 크게 유행하면서 'thin red streak' 혹은 'thin red line'은 전선에서 싸우는 영국군을 뜻하게 되었다.

상_ 삽화에 묘사된 영국 보병의 모습. 좌측이 1742년, 중앙이 1800년대 초반, 우측이 1835년
하_ 윌리엄 러셀은 당대의 대표적 종군 기자로 크림전쟁 뿐만 아니라 남북전쟁(1861-1865), 오스트리아-프로이센 전쟁(1866), 프로이센-프랑스 전쟁(1870) 등도 취재했다.

로버트 깁의 1854년 작, 《더 씬 레드 라인》. 그림 속 부대는 스코틀랜드인으로 구성된 영국 제93보병연대이다. 자세히 보면 전통 의상인 '킬트'를 입고 있다.

'레드 라인', '레드-코트 Redcoat' 그리고 튜더 왕가

위 그림은 '씬 레드 라인'을 잘 묘사했다. 왼편이 영국 보병, 오른편이 러시아 기병이다. 러시아 기병 선두 지휘자는 공격 수신호를 보내며 돌진하다가 말과 함께 고꾸라지는 중이다. 멀리 뒤에 보이는 러시아 기병은 말머리가 돌아가 있다. 주변에 포연이 가득하다.

러시아 기병이 오른쪽 구석에 잘린 채로 묘사된 반면, 영국 보병은 왼쪽에서 선명하게 시작하여 그림 전체에 횡대로 자리를 잡고 있다. 보병은 대오를 유지한 채 방어 자세를 취하고 있다. 선형 횡대 전법으로 사격을 마친 뒤 코 앞까지 근접한 기병과의 충격에 대비하고 있는 모습이다.

위 그림에서 가장 명징한 이미지는 영국 보병 제복의 강렬한 적색이다. 이 적색 제복이 바로 영국군 전통 제식 복장인 '레드-코트 Redcoat'이다.

레드-코트의 유래

1) '장미 전쟁'과 헨리 튜더 그리고 헨리 7세

레드-코트의 기원은 15세기로 거슬러 올라간다. 영국 왕권을 놓고 벌어진 '장미 전쟁(1455-1485년)'에서 랭커스터 가문이 요크 가문을 상대로 승승장구하고 있을 때다. 튜더 가문의 헨리 튜더라는 인물의 주가가 급상승하기 시작했다. 키 188센티미터의 다부진 체구에 강인한 정신력을 갖춘 그가 항상 선봉에 섰기 때문이다.

헨리 튜더는 전쟁이 마무리될 즈음 차기 왕 후보로 거론되기 시작했고 이어 1485년 헨리 7세로 즉위했다. 이렇게 튜더 왕가의 시대가 열렸다.

랭커스터 가문의 상징인 적색 장미는 튜더 왕가에 인수되었다. 튜더 왕가는 장미의 적색과 함께 고귀함을 상징하는 금색을 가문의 상징색으로 삼았다.

헨리 7세의 초상화

상_ 랭커스터, 튜터 가문의 상징인 붉은 장미. '튜더 장미'라고도 한다. 하_ 튜더 왕가를 이은 헨리 7세의 문장 Coat of Arms. 방패 속 청색 바탕 위에 금색 백합 문양은 프랑스 카페 왕가, 적색 바탕 위에 그려진 금색 사자는 영국 플랜태저넷 왕가의 문장에서 따온 것이다. 방패 아래 있는 꽃이 튜더 장미이다.

2) 헨리 7세와 요먼 근위대

헨리 7세는 대관식에 튜더 왕가 직속의 '요먼 근위대 Yeomen Of The Guard'를 대동하고 나타났다. 헨리 7세는 자신이 정예 군대에 의해 보호받고 있다는 것을 정적들에게 제대로 보여주고 싶었던 것이다.

요먼 근위대는 강력한 왕권의 상징이었다. 그러니 그 외양이 화려하고 강렬할수록 좋았다. 헨리 7세는 장미 전쟁의 베테랑 중 정예를 선발하여 왕실 근위대의 지위를 부여하고 이들에게 강렬한 적색으로 된 화려한 제복을 입혔다. 이것이 레드-코트의 탄생 배경이다.

상_ 15세기(좌), 16세기(우) 요먼 근위대를 그린 삽화
하_ 요먼 근위대는 현재까지도 감소된 중대 규모로 유지되고 있다. 제식 행사에서는 사진과 같이 적색과 금색의 제식 군복을 입는다.

전쟁 그리고 패션 II

3) 왕실 근위대의 제복에서 왕국군의 제복으로

영국 왕실이 권력을 강화하고, 왕국 전체의 무력을 관장하게 되면서 레드-코트는 왕국군의 일반적 제복이 되었다. 그러다가 찰스 1세 제위 기간인 1645년 육군의 편제, 장비를 재정비하면서 영국군은 레드-코트를 영국 보병의 제복으로 지정했다.

영국 보병은 레드-코트를 입고 영국-네덜란드 전쟁에서 싸웠다. 1652년 제1차 전쟁이 발발한 이래 1674년 제3차 전쟁이 끝날 즈음 레드-코트는 영국 국력, 무력의 상징이 되었다.

그리하여 본격적인 제국 식민 시대가 시작되었을 때 영국 해외파병군, 식민지 주둔군은 모두 레드-코트를 입었다. 이후 전 세계적으로 '레드-코트 = 영국군, 제국주의 군대, 식민지 주둔군'의 공식이 일반화되었다.

레드-코트의 절정이자 결말, 크림 전쟁

크림 전쟁에서 드러난 영국군의 전투력은 여타 국가를 훨씬 상회하는 것이었다. 영국군의 엄정한 군기, 높은 수준의 전술전기는 유럽 군대의 모델이 되었다. 유럽 각국은 영국군의 훈련, 편제, 장비를 모방하여 자국 군대에 적용했다. 영국군이 입었던 레드-코트도 마찬가지였다.

그런데 정작 영국군은 레드-코트가 전투 복장으로 적절치 않다고 결론 내렸다. 여러 가지 이유 중 하나는 전투 중 부상 여부를 알 수 없는 것이었다. 쉽게 말해서 레드-코트가 적색이기 때문에 피가 배어난 건지, 그냥 진흙 얼룩인지 구분이 안 되었다. 그래서 많은 장병이 출혈이 있는 줄 모르고 계속 움직이다가 출혈 과다 및 쇼크로 사망했다.

1881년 복제 규정 개편을 통해 영국군은 백색, 스코틀랜드군은 황색, 아일랜드군은 녹색, 왕실군은 짙은 청색 제복을 입기로 했다. 그러나 이

크림 전쟁 당시 영국군 장교가 입었던 레드-코트

최근 왕실 아일랜드 연대는 녹색 제복을 부활시켰다.

는 잘 이행되지 않았다. 규정 개정에 대한 반대, 개정 사실 전파의 지체, 예산 부족 등 때문이었다. 그리고 행진, 도열과 같은 제식 행사에서는 여전히 레드-코트를 입었다.

레드-코트의 부침 浮沈, 그리고 영국 근위대

제1차 세계대전이 발발했을 때 레드-코트는 영국군 복제 규정에서 아예 사라졌다. 전장 환경에서 눈에 잘 띄지 않고 쉽게 때 타지 않으며 제작 비용도 저렴한 '카키색'에 밀려 자취를 감췄다.

전쟁이 끝나고 나자 군인들은 다시 화려한 레드-코트를 찾았다. 그러나 레드-코트를 만들기 위한 적색 염료인 코치닐 cochineal; 선인장에 기생하는 곤충

제1차 세계대전 당시 카키색 군복을 입은 영국군 장병들

에서 추출은 고가였고, 전후의 군대는 이를 감당할만한 예산이 없었다.

그리하여 선택적으로 레드-코트를 입기 시작한 것은 1920년대의 영국 근위대였다. 이때의 근위대란 런던에 있는 왕궁 주변에 근무하면서 왕가를 호위하는 부대를 지칭한다.

상_ 런던 버킹엄궁 근위대 교대식
중_ 여왕의 사열을 받고 있는 근위대
하_ 많은 이들이 코감기약의 텔레비전 광고를 통해
   영국 근위대의 레드-코트를 처음 접했을 것이다.

    왕실 호위 임무는 다섯 개의 근위 연대가 교대로 혹은 동시에 수행하는데, 연대별로 레드-코트를 입은 모습을 소개하면 다음과 같다.

레드 코트 Red Coat

1) 척탄 근위 연대 Grenadier Guards

척탄 근위 연대의 역사는 1656년 찰스 2세의 호위 부대로 시작되었다.

2) 콜드스트림 근위 연대 Coldstream Guards

콜드스트림 근위 연대의 역사는 1650년 왕정복고를 위해 소집된 부대에서 시작되었다.

3) 스코틀랜드 근위 연대 Scots Guards

스코틀랜드 근위 연대는 1642년 찰스 1세의 호위 부대에서 출발했다.

4) 아일랜드 근위 연대 Irish Guards

아일랜드 근위 연대는 1900년에 창설된 런던 방위군의 일부이다.

5) 웰시 근위 연대 Welsh Guards

웰시 근위 연대는 1915년 제1차 세계대전 당시 창설된 부대이다.

레드-코트를 입은 황제

레드-코트 얘기를 하는데 마이클 잭슨을 빼놓을 수 없다. 팝의 황제 마이클 잭슨은 종종 레드-코트를 입고 대중 앞에 모습을 드러냈다. 어떤 의미가 담겨 있거나, 중요한 계기가 있었던 것은 아니다.

마이클 잭슨은 1982년 내놓은 〈스릴러〉의 뮤직비디오 때부터 적색 무대 의상을 즐겨 입었다. 알다시피 마이클 잭슨의 패션은 시간이 지날수록 점점 화려해졌는데, 그의 적색 재킷도 그러했다. 오른쪽 일련의 사진에서, 그의 적색 자켓이 반짝이가 붙고 술이 주렁주렁 달려 결국 레드-코트로 변모하는 것을 볼 수 있다.

마이클 잭슨 패션의 변화 과정을 보여주는 사진들

24
겨울 털모자 Winter Pile Cap

"추웠어요, 정말 추웠어요!"

한국전쟁의 겨울 모습

오른쪽의 사진들은 우리에게 제법 익숙하다. 모두 한국전쟁기의 것이다.

상단은 1953년 미 부대통령 알벤 바클리 Alben W. Barkley가 예하 부대를 방문하여 장병들과 함께 식사를 하고 있는 모습이다. 중단은 1952년에 찍은 호주군의 모습이다. 방어진지 근처에서 휴식을 취하고 있다. 하단은 1951년 수원 인근에서 찍은 것인데 가장 우측의 인물이 유엔군사령관 맥아더 장군이고 중앙이 미 제8군사령관 매튜 리지웨이 장군이다.

세 사진의 공통점은 겨울, 그리고 인물들이 '털모자'를 쓰고 있다는 것이다. 이들이 쓰고 있는 털모자는 미 육군이 제작보급한 'M1951 겨울 털모자 Winter Pile Cap'였다.

한국전쟁기 겨울에 찍은 사진들

M1951 겨울 털모자

이 모자는 특별히 한반도에서 겨울을 나야하는 장병들을 위해 개선 제작되었다. 최소한의 조건은 '활동에 방해가 되지 않는 선에서 가장 따뜻하게'였다.

이런 조건이 붙은 이유는 이전 버전인 M1943 털모자의 실패 때문이었다. 제2차 세계대전기에 개발된 M1943 털모자는 시험 착용 결과, 시각과 청각을 방해하고 쓰고 벗기 불편하여 미완으로 남았었다.

이에 비해 M1951 털모자는 귀, 턱, 뒤통수를 선택적으로 덮을 수 있었고 더울 땐 머리 위로 올려 단추로 잠그면 일반 모자처럼 쓸 수 있었다. 또 한 가지 특이한 것은 시야를 가리지 않도록 모자챙을 위로 올려 고정시킬 수 있었다는 점이다.

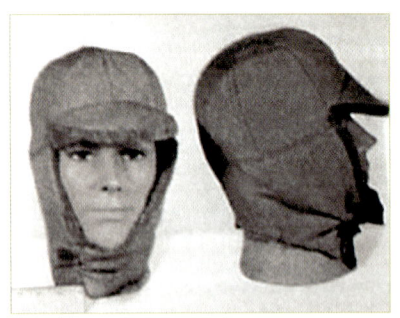

1943년에 개발됐던 미 육군 털모자(상) M1951 털모자의 귀 덮개를 위로 올려 묶은 모습(하)

① M1951 털모자를 뒤에서 본 모습 ② 털모자의 귀 덮개와 모자챙을 위로 올려 쓴 미군 장교의 모습 (1951년) ③ 올려 쓴 모자챙에 계급장을 단 모습. 리지웨이 중장 ④ 윌리엄 윌리암스 공군 중위

겨울 털모자 Winter Pile Cap

따뜻하고 편한 털모자

한국전쟁기에 장병들은 종종 털모자만 쓴 채로 활동했다. 이유는 단순했다. 따뜻하고 편했기 때문이다. 더러는 털모자 위에 철모를 쓰기도 했다.

미 육군은 털모자 위에 철모를 쓰거나 털모자만 쓰는 행위를 금지시켰다. 털모자 위에 철모를 쓰지 못하게 한 이유는 그렇게 하기 위해서 장병들이 철모 안쪽의 내피를 뜯어냈기 때문이었다. 그러나 전시에 장병들을 통제하는 것은 쉽지 않은 일이었다.

셔먼 전차에 올라타고 있는 미군 병사들의 모습. M1951 털모자 위에 헬멧을 썼다.

미 육군 털모자의 기원은 중국군의 겨울 털모자?

흥미로운 것은 중국군도 매우 유사한 형태의 털모자를 쓰고 한반도에 들어왔다는 점이다. 오른쪽 사진들은 한국전쟁기 겨울에 촬영한 것이다. 모두 털모자를 쓰고 있다.

① 한국전쟁기 중국군이 홍보를 위해 연출한 사진 ② 출전하기 전 사진을 촬영한 중국군 ③ 1952년 철원 일대에서 전투하던 중공군의 모습 ④ 1958년 중국으로 귀국하여 환영 받고 있는 중국군. 털모자의 형태가 잘 구분된다.

겨울 털모자 Winter Pile Cap

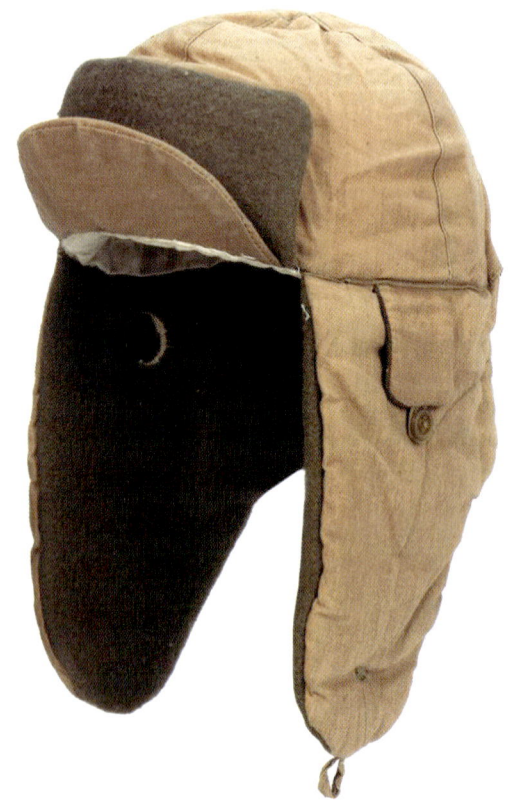

중국군의 겨울 털모자

이를 보고 혹자는 '미 육군이 1950년 10월 한반도를 침공한 중국군 털모자를 보고 그 디자인을 참고했다'고 한다. 결론부터 말하자면, 이는 사실이 아니다. 중국군은 소련군을, 미군은 독일군의 털모자를 모방했다.

중국군 털모자는 소련군 우샨카의 모방품

러시아를 포함한 유라시아 일대 지역은 영하 40도 아래로 내려가는 혹한이 흔했다. 그래서 보온력 높고 대량으로 구할 수 있는 양이나 토끼의 모피로 입, 코, 턱, 귀 등 돌출부를 가릴 수 있는 털모자를 만들어 썼다.

20세기 초까지 시베리아를 중심으로 북부 민족은 '귀 덮개 없는 털모자'를, 남부 민족은 '털 없는 귀 덮개 모자'를 썼다. 그러다가 1917년 러시아 혁명 이후 소련군이 두 모자의 장점을 결합하여 '귀 덮개 있는 털모자'를 만들어 썼다. 이것이 바로 '우샨카 Ushanka'이다.

귀 덮개 없는 털모자(좌)와 털 없는 귀 덮개 모자(우)

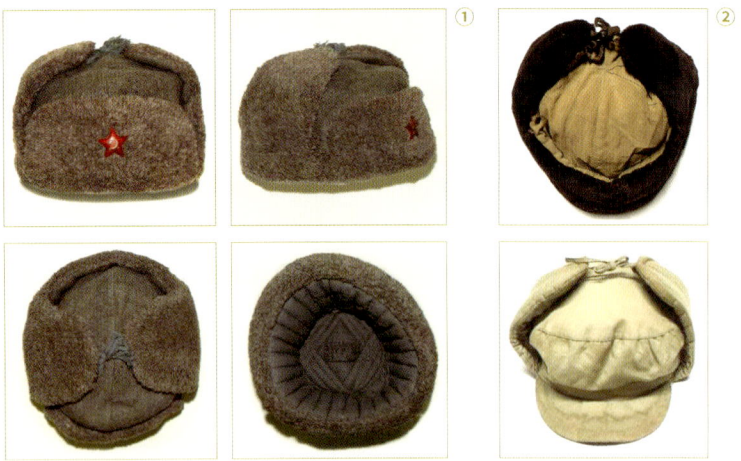

① 1940년에 보급된 소련 육군의 우샨카 ② 중국군 동계 털모자(상)와 솜 모자(하)

한편, 공산화 이후 중국은 소련군을 참고하여 중국군 제식을 지정했고 우샨카를 본떠 동계 털모자를 만들었다. 위의 ①, ② 사진을 비교해보면 알 수 있는 것처럼 디자인, 소재 등이 매우 유사하다.

제2차 세계대전기 미 육군 동계 모자의 모델은 독일군 1942년형

제2차 세계대전기의 독일군은 '귀 덮개 달린 털모자' 같은 것을 용납하지 않았다. 그들은 단정한 제복을 입고 추위를 군인정신으로 이기는 로봇을 원했던 것 같다.

그러나 북유럽과 시베리아의 추위는 군기로 막을 수 없었다. 군인정신으로 참으라고 지시하기엔 너무 추웠다. 동상으로 인한 전투력 손실도 너무 컸다. 그래서 독일군의 동계 모자는 외형에서 알 수 있듯이 '군인다운 복장'과 '실용'이 서로 조금씩 양보한 형태였다.

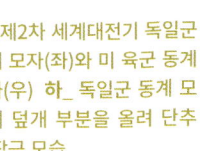
상_ 제2차 세계대전기 독일군 동계 모자(좌)와 미 육군 동계 모자(우) **하**_ 독일군 동계 모자의 덮개 부분을 올려 단추로 잠근 모습

　위의 사진이 1942년에 개발된 독일군 동계 모자이다. 소재는 털 없는 펠트 천이고 얼굴 덮개가 특징이었다. 비교를 통해 알 수 있듯이, 제2차 세계대전기에 개발을 시도했던 미 육군 동계 모자의 모델은 독일군의 1942년형 동계 모자였던 것으로 보인다.

　전쟁 초기만 하더라도 독일군 장교들은 두꺼운 펠트천으로 된 동계 정모를 쓰고 전투를 지휘했다. 그러나 그것으로는 혹한의 추위를 막을 수 없었다. 그래서 독일군 장교들은 너무 티가 나지 않는 작은 털모자를 구하거나 제작하여 쓰고 다녔다. 이 작은 털모자는 유럽에서 겨울 사냥 때 쓰는 것이었다. 이것을 정모나 철모 속에 썼다.

　한편 1941년 여름, 독일군은 소련을 침공했다. 전쟁은 장기화되었고 겨울이 왔다. 독일군 중 13만 명이 동상에 걸릴 정도로 추위는 무서운 적이었다. 병사들은 보급된 펠트 천 모자 대신 털모자를 구해서 쓰고 다니기 시작했다. 모르긴 몰라도 소련군의 것을 노획해서 쓰고 다닌 병사들이

독일군 장교용 동계 정모(좌)와 독일군 장교들이 쓰고 다니던 털모자(중, 우)

많았을 것이다.

독일군은 1942년 말부터 소련군 우샨카와 유사한 형태로 털모자를 만들어 보급하기 시작했다. 오른쪽 사진은 1941~1942년 겨울과 1942~1943년 겨울의 독일군을 비교한 것이다.

미 육군의 M1951 털모자는 그 이전 버전이 그랬던 것처럼, 1942년형 독일군 털모자를 모델로 개발, 생산한 것이다. 당시 미 육군 병참부서는 주로 제2차 세계대전기의 독일군 장비, 물자를 수집하여 분석했고 우수한 것은 적극 받아들였다.

'한국전쟁'하면 미군 참전자가 떠올리는 것, 추위와 털모자

군인의 털모자는 '추위'와 '생존'의 상징이다. 그 이미지는 혹독하고 처절하다. 그러나 동시에 털모자는 따뜻하고 믿음직스럽다.

2013년 워싱턴에서 미군 참전자를 만났다. 그는 한국전쟁에서 가장 기억에 남는 것이 무엇이냐는 질문에 "추웠어요. 제기랄, 정말 추웠어요"라고 대답했다. 그리고 잠시 그때를 잊으려는 듯 고개를 흔들다가 "그래도 피시 테일(M-51 파커)과 털모자는 정말 따뜻했지"라고 말했다.

상_ 1941~1942년 겨울(상, 중)과 1942~1943년 겨울(하)의 독일군 병사들
하_ 1942년 말 독일 공군이 쓰고 다니던 털모자

군밤, 군고구마 장수의 '필수템'이 된 미군 털모자

그런데 이 미군 털모자는 한국에서 흥미로운 변용을 한다. 군대 밖으로 나와 겨울에 군밤, 군고구마 장수들이 쓰는 일종의 통일된 유니폼이 된 것이다. 우리에게는 '군밤 모자', '군고구마 모자'로 잘 알려져 있다.

군고구마의 역사 자체가 흥미롭기에 한번 찾아봤다. 고구마는 조선 후기에 한반도에 들어왔다가, 일제 강점기 때 주식 대용으로 널리 보급되었다. 고구마를 대량 생산한 것은 한국전쟁이 끝난 후부터였다. 1953년 늦여름, 정부가 '당밀' 수입을 금지하면서 고구마를 그 대용으로 생산하라고 지시했다. 정부는 술의 원료인 '주정' 생산에 국산 고구마를 쓰면 수입이 줄고 농가가 번영하니 일석이조라고 판단했을 것이다.

생산량은 전에 없이 급증했다. 정부 지시라고 하니 너도나도 고구마를 심기 시작했는데 문제는 너무 많이 심은 것이다. 체계적인 유통 경로나 판로가 마련되지 않은 채 생산부터 늘렸으니 고구마가 남아돌 수밖에. 그래서 1954년 신문을 보면 "고구마를 김장에 쓰자"든가 "고구마 생산이 성공적으로 늘어 전분공장에 대량 납품하게 됐다"든가 등의 정부시책 호응 기사가 종종 눈에 띈다. '군고구마'는 남아도는 고구마를 활용하는 방법 중 하나였다.

고구마를 길에서 구워 돈을 버는 '군고구마 장수'는 1954년경부터 거리에 등장한 것으로 보인다. 《경향신문》 1954년 10월 5일자를 보면 "거리에는 군밤 군고구마 장수가 등장하여 겨울을 재촉하고 있으니 물가고에 시달리는 시민들의 월동준비가 더욱 암담하다"고 쓰여 있다.

자, 이제 군고구마 장수의 털모자 얘기로 돌아오자. 한 겨울 길가에서 여러 시간 추위를 견뎌야 하는 군고구마 장수에게 구제 시장이나 암시장에 나온 미군 동계 군복은 믿음직스러운 방한대책이었을 것이다. 그러나

군고구마 장수를 표현한 작품들

문제는 가격이 너무 비싸다는 것이었다. '어둠의 통로'를 통해 피시 테일(일명 '스키 파카')이나 야전상의가 나오기도 했지만 구하기가 하늘의 별따기였다.

그래도 털모자는 비교적 쉽게 구할 수 있었다. 미군들은 친한 한국인에게 털모자를 주기도 하고 외출 나갔다가 싼 값에 팔기도 했다. 이렇게 민간으로 나온 미군 털모자를 동네 어르신, 귀한 종손, 시장 상인, 노점 군고구마 장수 등이 썼다. 한국 육군이 털모자를 생산보급하기 시작하면서부터는 대부분 이를 구해 쓰고 다녔다.

군밤, 군고구마 모자의 이미지를 한방에 바꾼 아이돌 멤버

글을 쓰다가 옛날 소재가 등장하면 아는 형님에게 전화해서 물어보고, 또 가끔은 젊은 세대에게 '이거 혹시 알아?' 하고 물어본다. 이번에도 20대의 연구소 동료에게 군밤, 군고구마 모자를 보여주며 "이거 본 적 있어요?" 하고 물어봤는데, 이게 웬일인가. 잘 안 단다. 그러면서 "이거 ○○ 그룹의 ××가 쓰고 나왔던 모자잖아요"라고 한다.

알아보니 최근 유명 아이돌 그룹의 멤버들이 한 텔레비전 프로그램에서 이 모자를 썼다. 내용은 자세히 모르지만 자막에 '군밤 모자'로 표시되어 나가면서 '군밤 모자', '○○ ×× 모자'가 검색어 순위에 오르기도 했단다. 특히 그 멤버는 이것이 마음에 들었는지 한동안 털모자를 쓰고 스케줄을 소화했다.

1951년 한반도 전장의 혹한을 견디기 위해 보급한 미군 털모자가, 2013년 한국 엔터 전쟁에서 승리한 아이돌의 머리 위에서 빛나는 순간이었다.

군용 양말, 모 양말 Military Wool Socks

사소하지만 무엇보다 중요한!

전투화용 양말과 군용 모 양말

군대에서 '전투복장에 신는 양말'을 '군용 양말' 혹은 '모 양말'이라고 한다. 그러나 '군용 양말'은 군대에서 신는 모든 양말의 총칭이고, '모 양말'은 전투복장에 신는 양말 중 하나이다. 올바른 호칭은 '전투화용 양말 combat boots socks'이다. 미 육군 복제규정에 명시된 전투화용 양말의 기준은 다음 표와 같다.

구분	내용
소재	모 50퍼센트, 면 20퍼센트, 나일론 20퍼센트
길이	종아리까지 와야 함
색깔	사막색, 녹색, 흑색
비고	* 2015년 이전 규정에는 종아리 아래·종아리·종아리 위의 세 가지 길이가, 갈색·올리브색·흑색의 세 가지 색깔이 기준이었다.

미 육군 복제규정, '전투화용 양말' 기준

전투를 해 본 군인은 안다. 전투화용 양말의 중요성을

20킬로미터 이상 행군을 해본 사람에게는 양말의 중요성을 새삼 말하지 않아도 된다. 발바닥과 뒤꿈치에 잡힌 물집으로부터 오는 쓰라림을 계속 느끼며 수십 킬로미터를 행군하는 고통은 다른 어떤 느낌과도 비교할 수 없다. 그야말로 끔찍하다.

1996년 미 해병대에서는 발 물집에 관한 연구를 했다. 연구 결과, 물집이 생기는 주원인은 전투화가 아니라 그 안에 신는 양말이었다.

크게 두 그룹으로 나눈 실험에서 한쪽은 전투화의 크기·소재·디자인을, 다른 한쪽은 양말의 크기·소재·신는 방법을 달리 했다. 실험 결과 전투화보다 양말이 물집 발생에 더 큰 영향을 미치는 것으로 나타났다. 이 실험에서 전투화용 양말의 소재 기준인 모 50퍼센트, 면 20퍼센트, 나일론 20퍼센트가 정해졌다.

연구진은 '전투화용 양말을 신고, 겉에 폴리에스터 재질로 된 속 양말 liner socks을 겹쳐 신으면 물집 발생을 최소화할 수 있다'고 했다. 이는 미군 복제규정 중 '양말 겹쳐 신기 two-sock system 혹은 double-sock system'란 항목에 반영되어 있다.

"어제 내 생명을 구해줘서 고마워. 은혜는 꼭 갚을게. 그리고 이건 나한테 남은 마지막 마른 양말이야."
제2차 세계대전기 풍자만화 중의 하나다.

군용 양말, 모 양말 Military Wool Socks

행여 '발 물집이 뭐 대수라고 연구까지 한담?'하고 생각하는 이가 있을지 모르겠다. 그러나 군대의 발 물집은 쓰라린 통증으로 끝나지 않는다. 군대에서 자주 걸리는 질병 중 '봉와직염 蜂窩織炎, cellulitis'이라는 것이 있다. 손상 피부에 들어간 균, 박테리아로 2차 감염이 일어나 심각한 염증으로 발전하는 것이다. 적절한 치료를 받지 않으면 피부가 괴사하고 심한 경우 절단해야 하며 종종 사망하기도 한다. 언급했던 미 해병대의 연구에 의하면 봉와직염을 유발하는 2차 감염 진원지 역시 대개는 양말이다.

세계대전과 전투화용 양말의 중요성 발견

전투화용 양말의 중요성이 부각된 것은 제1차 세계대전부터였다. 진지전, 참호전의 전쟁 양상 속에 오래 방치된 장병은 '참호족 trench-foot'에 걸렸다. 발 부위의 괴사, 절단이 폭발적으로 증가했다. 사망자도 꽤 나왔다.

당시 상황에서 참호족을 예방할 수 있는 수단은 마른 양말을 자주 갈아 신는 것뿐이었다. 그러나 장병들이 보급 받은 적은 수의 질 나쁜 양말로는 그렇게 할 수 없었다. 그래서 양말 대신 천을 둘둘 감고 다니는 이들도 많았다.

2007년 발에 천을 감고 있는 러시아 병사들의 모습. 러시아군인들은 2013년까지 양말 대신 발싸개인 '표르트얀키 Portyanki'를 사용했다.

제1차 세계대전 때만 해도 양말을 대량 증산할 수 있는 편직기가 부족했다. 있었다고 해도 수백만 장병이 신을 만큼 만들기는 어려웠을 것이다. 그래서 정부는 전국의 가정에 '전장에 보낼 양말을 만들어달라'고 부탁했다.

이에 미국 전역에 양말 손뜨개 열풍이 불었다. 가정주부뿐만 아니라 자녀, 노인도 손을 보탰다. 그러다보니 사이즈, 솜씨가 제각각이었는데, 미 해병대의 한 병사가 쓴 시가 당시 상황을 잘 말해준다.

오, 친절한 숙녀분 고마워요.
당신이 보내준 손뜨개 양말은 참 잘 맞는군요.
하나는 그물 침대로 쓰고 있고
다른 하나는 벙어리 장갑으로 쓰고 있답니다.

제1차 세계대전기, 전장에 보낼 '수제' 전투화용 양말을 포장하고 있는 여성 노동자들

제2차 세계대전 이후

제1차 세계대전에서 '양말 대란'을 겪은 미군은 우수한 품질의 전투화용 양말 생산·보급을 위해 투자를 아끼지 않았다. 그 결과 제2차 세계대전이 발발했을 때는 집에서 손으로 양말을 뜨지 않아도 되었다.

미 육군 전투실험단 Combat Experimental Group은 1943년 신형 전투복, 장구류를 패키지화한 'M1943 라인'을 내놓았다. 여기에는 '쿠션 밑창 양말 cushion sole socks'도 포함됐다. 좋은 소재(모 50퍼센트, 면 20퍼센트, 나일론 20퍼센트)를 쓰고, '파일 짜기 pile stitch'라는 특수 공법을 도입하여 땀 흡수·배출, 충격 완화에 탁월한 양말을 내놓았다.

창군 초기 한국군은 미군의 복제를 그대로 가져다 입었는데 양말도 마찬가지였다. 1947년 3월 29일자 《동아일보》를 보면 시장으로 흘러나온 미 군용품 중 양말에 대한 예찬이 나온다. 같은 해 12월 27일자에는 압수한 미군 양말을 중간에 가로 챈 경관의 이야기도 나온다. 압수품인 걸 알면서도 욕심이 챙겨 가로 챌 만큼 미군 쿠션 밑창 양말의 성능은 뛰어났던 것이다.

미군의 보급용 쿠션 밑창 양말 3종(갈색, 올리브색, 흑색)

한국의 전투화용 양말

군용품의 품질은 사용 집단의 경제 수준에 정비례한다. 한국의 경우는 좀 특이한데 미국의 군사원조 덕에 처음부터 세계 최고 수준의 무기, 장비, 복장을 사용할 수 있었다.

경제가 어느 정도 성장한 1960년대부터 한국은 군용품을 국산화해 나갔는데 무기, 장비 등에 비해 손쉬운 군복부터 시작했다. 1967년에는 대통령령으로 '군인복제령'을 제정했고 소재, 디자인 등을 개선해 나갔다. 특히 1960년대 중반 주베트남 미군 군복 생산 사업을 국내 기업이 수주하면서부터 군복의 품질이 전반적으로 향상되었다. 그러나 양말은 예외였다.

1950년 9월 14일 부산항에서 대기 중인 한국군 해병대(상), 1950년 9월 15일 인천에 상륙 중인 한국군 해병대(하). 해병대가 입고 쓰고 든 것은 모두 다 미군의 것이었다.

군용 양말, 모 양말 Military Wool Socks

한국은 이상하리만치 '속에 입는 복장'에 별 투자를 하지 않았다. 속옷 상·하의, 동계 내복, 양말 등은 소재, 디자인은 물론 색깔, 기능 등이 저질이었다.

한국군 전투화용 양말은 특히 악명 높았다. '비는 흡수하고 땀은 모아둔다'는 둥 '발을 튼튼하게 만들기 위해 일부러 물집을 내기 위한 기능이 있다'는 둥 말이 많았다. 전역한 예비역들은 '요즘도 크게 다를 바 없다'고 주장한다.

전투화용 양말의 발전, 어디까지 왔나

현재 미군은 복제 규정 기준 범위 내에서 장병 개인이 물자, 장비를 구매해 사용하는 것을 허용한다. 한정된 예산으로 대량생산해야 하는 군대 납품 업체보다 아무래도 상품의 질로 경쟁하는 일반 기업이 물건을 잘 만든다.

전투화용 양말 판매 상위에 있는 제품을 몇 가지 소개하자면 첫째는 피츠 Fits의 전술 크루 양말 Tactical Crew Socks이다. 가장 큰 특징은 안쪽은 모, 바깥쪽은 나일론으로 이중 직조한 것이다. 이렇게 하면 발을 보호하면서 외부로부터의 충격, 마찰 저항력을 높일 수 있다. 가격은 2만원 내외인데 군인에게는 25% 할인을 해준다.

둘째는 골드 토 Gold Toe의 파워 쿠션 전투화용 양말 PowerSOX Cushion Boot Socks이다. 면과 스판덱스의 비율을 높여 착용성 향상에 주안을 두고 개발한 제품으로, 전투 현장 보다는 영내 활동, 가벼운 훈련 간에 착용하기 좋다. 가격은 2만원 내외이다.

셋째는 나이키 특수 야전 전투화용 양말 Special Field Boot Socks이다. 나이키 양말의 특징은 평이함이다. 기존 보급용 전투화용 양말과 유사한 제

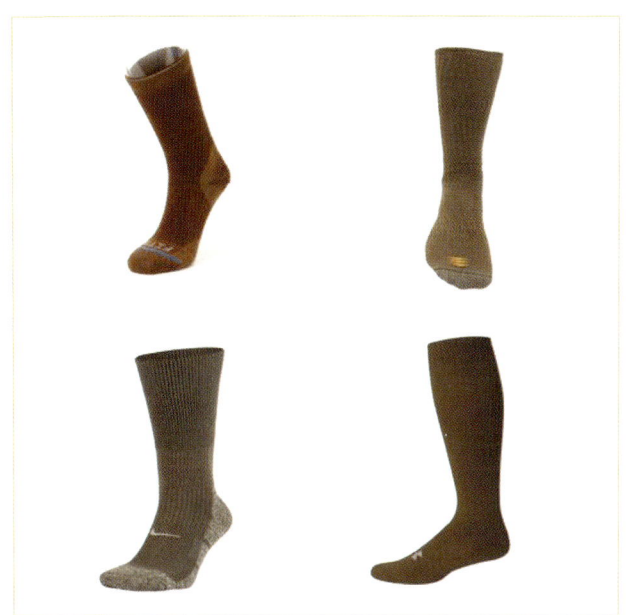

상_ 스포츠 전문기업에서 만든 전투화용 양말. 피츠(상단 좌), 골드토(상단 우), 나이키(하단 좌), 언더아머(하단 우)의 제품들 하_ 전술 크루 양말 광고 사진

품을 조금 더 잘 만들었다. 그렇기 때문에 가격도 1만 7천원-2만 3천원 정도로 비교적 저렴하다.

넷째는 언더아머의 전투화용 전술 양말 Boot Tactical Socks이다. 전투화용 양말은 통상 나일론 40퍼센트, 울 30퍼센트, 폴리에스터 25퍼센트의 소재 비율 내에서 만들어진다. 그런데 언더아머의 것은 폴리에스터 95퍼센트, 3퍼센트 나일론, 자체 개발한 특수 소재 약간을 넣었다. 이를 자사에서 개발한 기술로 직조하여 질기면서 부드러우며 방수, 발수가 뛰어난 제품을 만들었다. 가격도 1만원 내외이다.

이외에도 추천할만한 우수한 제품이 많지만 가격이 비싸다. 3만원, 6만원짜리 전투화용 양말도 있다. 그만큼 비싸다면 우수할 수밖에 없지 않은가. 참고로, 국내에 판매되는 전투화용 양말의 개당 가격은 3~6천원 선이다.

언더아머의 전투화용 전술 양말. 미 육군 복제규정을 준수한 표준품이다.

미 육군의 '검은 양말 논쟁'

최근 미 육군에 양말 착용에 관한 흥미로운 이슈가 있었다. '체력 단련 시간에 운동화에 검은 양말을 착용해도 되는가'에 대한 논쟁이었는데, 일명 '검은 양말 논쟁'이라고 한다.

2000년대 초반까지만 하더라도 검은 양말과 운동화를 매칭하는 것은 우스꽝스럽고 매너 없는 행동이었다. 국가를 불문하고 말이다. 그래서 미 육군 체력 단련 복제 규정에도 '운동을 할 때는 종아리까지 오는 흰색 양말만 신는다'고 쓰여 있었다.

그러나 시대와 유행이 변했고 '검은 양말 논쟁'이 일자, 미 육군본부 인사참모부가 나섰다. 1년 검토 끝에 2016년부터 "양말 색깔의 선택은 장병 각자의 재량"이라고 예외 사항을 명시하기로 했다. 즉, 양말을 뭘 신을지는 이제 알아서들 하라는 것이다.

개정 전 2015년의 미 육군 복제규정 중 '양말' 조항에는 이렇게 명시되어 있었다.

검은 양말에 검은 운동화. 한때 '아재 패션'의 대명사로 불렸던 이 조합이 요즘엔 '힙한 패션'으로 통한다.

a. 양말, 사막색, 녹색, 흑색에 쿠션 밑창 양말

1. 종류_ 이 양말은 초도보급품 Clothing Bag Issue Items이거나 추가 구매품이다.
2. 정의_ 양말은 사막색, 녹색, 흑색에 늘어나는 재질이며 길이는 종아리까지 와야 하고 바닥에는 쿠션이 있어야 한다.
3. 착용법_ 쿠션 밑창 양말은 전투복, 기관복 군화에 신을 수 있다. 또한 추가적인 발 보호를 위해 안에 속 양말(흑색 정장 양말도 가능)을 겹쳐 신을 수 있다.

b. 양말, 흑색 정장 양말 Dress Socks 혹은 속 양말

1. 종류_ 이 양말은 남성에 한해 초도보급품 Clothing Bag Issue Items이며 여성에겐 추가 구매품이다.
2. 정의_ 양말은 개선을 승인 받은 제품이거나 판매용 상품이다. 길이는 종아리까지 와야 하고 흑색의 폴리에스터와 나일론 소재이다.
3. 착용법_ 흑색 양말은 흑색의 끈이 있는 정장 구두 Oxford Shoes에 신는다.

위의 조항 중 b-3의 '흑색 양말은 흑색의 끈이 있는 정장 구두에 신는다'는 제한을 없애고, '장병의 재량에 맡긴다'고 써넣은 것이다.

● 사진 출처

01. 점퍼 Jumper
p11 ⓒ히스토리채널 p12 ⓒhttp://www.wimbledon.com p13 ⓒwww.1stdibs.com p14 (좌상) ⓒ이베이 (우상) ⓒhttps://www.sovintagepatterns.com (하) ⓒwww.savethechildren.net p16 ⓒwww.monotaro.com

02. 낙하산 바지 Parachute Pants
p17 이베이 p18 https://rebrn.com p19 (좌) 이베이 p19 (우) https://www.flickr.com/photos/timroe/ p20 https://www.brambilabong.com/products/bboy-pants p21 이베이 p22 https://hollywoodlife.com/2017/05/23/tom-cruise-top-gun-2-filming-next-year-interview/ p23 (상) https://www.historicflyingclothing.com/en-GB/ww1-r-f-c-sidcot-flying-suit/prod_13251#.W59ktqYzZhE (하) https://www.grailed.com/drycleanonly/jumpsuit-boilersuit-history p24 (좌) 출처 : 이베이 (우) https://rebrn.com p25 (상) IMDb 홈페이지 (하) 영화 《브레이킹》 홈페이지

03. 판초 Poncho 우의
p27 ① https://www.taiwannews.com.tw/en/news/3243171 p28 ② 미 국회도서관 ③ https://www.washingtontimes.com/news/2015/oct/13/russia-reminds-us-of-post-911-military-support-we-/ ④ @Folklorico Dancer p29 ⓒIMDb p30 http://portal.doyu-kai.net/modules/pico1/index.php?content_id=147 p31 (좌) @militaryuniformsupply.com (우) 미 육군군사연구소 p32 (상좌) https://www.atlantcutlery.com/civil-war-poncho (상우) @militaryuniformsupply.com (하) 미 육군군사연구소 p33 ①②③ @http://www.usmilitariaforum.com p35 ①②④ @해병대 ③ @아미서포터즈 p36 @militaryuniformsupply.com

04. 야전 재킷 Field Jacket
p38 ⓒwww.atthefrontshop.com/ p39 (상) ⓒ미육군군사연구소 (하) ⓒolive-drab.com p40 (상) ⓒolive-drab.com (하) ⓒIMDb p41 (상) ⓒG마켓 (하) ⓒ이베이 p42 (상) ⓒwww.ima-usa.com (하) @http://www.sofmilitary.co.uk p43 (상) @미국립문서기록관리청 (하) ⓒwww.ww2-airborne.us p44 (상) ⓒwww.worthpoint.com (하) @https://www.cockpitusa.com p45 (상) ⓒhttp://www.101airborneww2.com/ (하) @미국립문서기록관리청 p46 ⓒwww.atthefrontshop.com

05. 사파리 재킷 Safari Jacket
p48 ⓒtherake.com p49 ⓒ영국제2차세계대전박물관 p50 (좌) ⓒ헤밍웨이기념관 (우) ⓒ윌리스앤가이거 p51 ⓒ아베크롬비 p52 ⓒ이베이 P53 ⓒtheguardian.com P54 ⓒdailymail.co.uk P55 ⓒfashionbeans.com

06. 테일 코트 Tailcoat
p57 (상) 핀터레스트 (하) http://experimentsinelegance.blogspot.com/2011/02/faking-regency-fashion-for-men.html p58 핀터레스트 p59 (상) http://www.ellysformalwear.com/shop/tuxedo-style-15/ (하) 이베이 p60 https://nsarchive2.gwu.edu/NSAEBB/NSAEBB175/index.htm p61 (상) http://www.blacktieguide.com/Supplemental/Morning_Dress.htm (하) 핀터레스트 p63 (상) http://www.jonnywilliamson.com/product/officers-coatee-to-the-67th-regt-of-foot (하) 위키피디아 p64 https://www.thestoryoftexas.com/discover/artifacts/army-officer-coatee p65 (상중) 미 육군군사연구소 (하) http://www.legendaryarms.com/union-unlisted-shell-jacket-trimmed-in-unit-color-m1858/ p66 미 육군군사연구소

07. 색코트 Sack Coat
p69 http://19thfoot.co.uk/uniform p70 (상하) 미 육군군사연구소 p71 https://historical.ha.com/itm/militaria/uniforms/civil-war-era-new-hampshire-volunteer-militia-coatee-

사진출처 319

circa-1860-1879/a/6184-40737.s **p72** http://www.pddoc.com/photohistory/v7/076.htm **p73** (상하) 미 육군군사연구소 **p74** 미 육군군사연구소 **p75** (좌) https://lilyabsinthe.com/2016/04/19/a-brief-view-of-mens-clothing-the-sack-coat/ (우) https://lilyabsinthe.com/2016/04/19/a-brief-view-of-mens-clothing-the-sack-coat/ **p76** 브룩스브라더스 홈페이지

08. 가드 코트 Guard's Coat
p78 https://samuelbaronclothiers.com/post/suiting-basics-all-about-lapels **p79** 이베이 **p80** 핀터레스트 **p81** 위키피디아 **p82** https://www.gentlemansgazette.com/london-mens-fashion-1936/ **p83** (좌) https://www.oxfam.org.uk/shop/mens-clothing/vintage/vintage-east-german-military-border-guard-trenchcoat-wachregiment-size-xl-grey-hd_100872226 (우) 이베이 **p84** 이베이 **p85** https://www.imdb.com/

09. 파카 Parka
p87 인스타그램**p88** ① https://www.heddels.com/2017/01/the-history-of-the-parka/ ② 핀터레스트 ③ 이베이 ④ 핀터레스트 **p89** 위키피디아 **p90** 이베이 **p92** (상좌|하) 핀터레스트 (상우) 위키피디아

10. 만다린 칼라 Mandarin Collar
p94 ⓒbaike.baidu.com **p95** ⓒUC버클리대학도서관 **p96** (상) ⓒIMDb (중) ⓒUC버클리대학도서관 (하) ⓒ엠스플**p97** ⓒ씨네씨네 **p98** ⓒ네루기념관 **p99** ⓒ로큰롤박물관 **p100** ⓒarchive.maas.museum **p101** ⓒwww.thenation.com **p102** (좌) ⓒchinadaily.com.cn (우) ⓒ미백악관홈페이지 **p103** ⓒ미육군홈페이지 **p104** (상좌) ⓒ미육군홈페이지 (상우) ⓒthisainthell.us (하) ⓒshopmyexchange.com

11. 란츠크네히트 Landsknechts
p106 ⓒandina.pe **p107** ⓒgallica.bnf.fr**p109** ⓒmedievalchronicles.com **p111** ⓒboijmans.nl **p113** (상) ⓒbattleofpavia.com (하) ⓒtate.org.uk **p114** ⓒamazon.co.uk **p115** ⓒ바티칸시 **p116** ⓒbritannica.com **p117** ⓒthecatholicuniverse.com **p118** ⓒ바티칸시 **p119** ⓒthevintagenews.com **p120** ⓒpapalartifacts.com **p121** ⓒcommunio.stblogs.org

12. 멜빵바지 Bib-and-Brace
p123 @IMDb **p124** @리바이스 **p125** @리 **p126** @www.theworldwar.org **p127** @www.theworldwar.org **p128** @modernfarmer.com/2014/07/vintage-photos-farm-overalls/ **p129** @미국립문서기록관리청 **p131** ①③ @이베이 ② "Illustrations of Bib Overall Back styles(1936)" ④ @www.round-house.com/ **p132** @IMDb

13. 추카 부츠 Chukka boots
p133 ⓒwww.clarks.co.uk/ **p134** ⓒwww.etsy.com **p135** (상) ⓒtopclothesboutique.com (중) ⓒkepler-lake-constance.com/polo-game/ (하) ⓒwww.bewaremag.com **p136** ⓒwww.oliberte.com **p137** ⓒwww.clarks.co.uk/ **p138** ⓒ이베이 **p139** (상좌) ⓒveldskoenshoes.com (상우) ⓒlooklifestyles.com **p139** (하) ⓒinsidehook.com **p140** ⓒ이베이 **p141** ⓒebird.org **p142** (좌) ⓒ이베이 (우) ⓒwww.thevintageshowroom.com **p143** ⓒwww.thevintageshowroom.com

14. 티셔츠 T-Shirt
p146 (좌) ⓒfelicityfenton.com (우) ⓒvintagedancer.com **p147** ⓒmarketplace.secondlife.com **p148** ⓒvintageconnection.net **p149** (상) ⓒvintageconnection.net (하) ⓒgjenvick.com **p150** (좌) ⓒgoantiques.com (우) ⓒIMDb **p151** ⓒhistclo.com **p152** (상) ⓒIMDb (하) ⓒunionsuitfan **p153** ⓒthoughtco.com **p154** ⓒvintagedancer.com **p155** (상) ⓒlemenswear.com (하) ⓒyankreenactment.nl **p157** (상) ⓒyankreenactment.nl (하) ⓒyankreenactment.nl **p158** ⓒvintagedancer.com **p159** ⓒmelmarc.com **p160** ⓒ이베이

15. 킬트 Kilt
p162 ⓒgenuinearmysurplus.co.uk p163 ⓒnationalgalleries.org p164 ⓒIMDb p166 ⓒwww.rct.uk p167 ⓒwww.scotclans.com p168 ⓒwww.express.co.uk p169 (상) ⓒwww.barganews.com (하) ⓒderekcrowe.com p170 (상) ⓒhttp://www.tartansauthority.com (하) ⓒwww.edinburghnews.scotsman.com p171 (상) ⓒhttp://www.tartansauthority.com (하) ⓒ영국육군페이스북 p172 (상) ⓒwww.scotclans.com (하) ⓒwww.express.co.uk p173 WWE홈페이지 p174 (상) ⓒWWE홈페이지 (하) ⓒ3M홈페이지 p175 (상) ⓒ로디 파이퍼 트위터 (하) ⓒIMDb p176 (상) ⓒwww.tartanregister.gov.uk (하) ⓒIMDb p178 ⓒ서태지공식홈페이지

16. 덩거리 Dungaree
p180 구글맵 p181 @fashionhance.com p182 구글맵 p183 @http://segui-riveted.blogspot.com p184 @http://segui-riveted.blogspot.com p186 @대한민국해군 p187 @미해군 p188 ① @서울경제, @미해군 ② @NavyTimes p189 ③ @미합참 ④ @미해군 ⑤ @미해군 p190 @NavyTimes p191 @IMDb p192 (상) @미해군 (하) @independent.co.uk p193 ⓒIMDb p194 (상) @미해군(하) ⓒIMDb p195 (상) ⓒIMDb(하) @Gentleman's Gazette p196 (상) @IMDb(하하) @미해군 p197 @IMDb p198 @핀터레스트 p199 @www.bustle.com

17. 발라클라바 마스크 Balaclava Mask
p201 ⓒ구글맵 p202 ⓒ영국왕립문서기록관리청 p203 (상) ⓒhiveminer.com (하) ⓒ미국회도서관 p204 (상) ⓒ영국육군박물관 (하) ⓒ영국왕립문서기록관리청 p204 (상) ⓒhiveminer.com p207 (상중) ⓒtime.com (하) ⓒBBC.com p208 ⓒIMDb p209 ⓒcain.ulster.ac.uk, ⓒGo.com p211 (상) ⓒ엠넷 (하) ⓒ다나와

18. 브로디 헬멧 Brodie Helmet
p213 (좌) ⓒ위키미디어커먼스 (우) ⓒwww.lancashireinfantrymuseum.org.uk p215 ① ⓒwww.normandythenandnow.com ② ⓒwww.1914-1918.be ③ ⓒeandt.theiet.org p216 (상) ⓒ제1차세계대전박물관홈페이지 (하) ⓒwww.normandythenandnow.com p217 (상) ⓒwww.ima-usa.com (하) ⓒ위키미디어커먼스 p218 ⓒgallerix.org p219 ⓒww1.nam.ac.uk p220 ⓒcollections.royalarmouries.org p221 ⓒ영국국립박물관홈페이지 p223 ⓒIMDb

19. 브로그와 옥스퍼드 Brogues & Oxfords
p225 ⓒIMDb p227 (상) ⓒbroguesandshoes.com (하) ⓒopenculture.com p228 ① ⓒ메트로폴리탄박물관홈페이지 ② ⓒwww.fitzmuseum.cam.ac.uk ③ ⓒhttp://premudrosti.in/index.php/kings-in-stockings/estampes/ p229 ⓒvintagedancer.com p230 ⓒwww.dandelionvintage.com p231 ⓒwww.ofakind.com p232 (상) ⓒvintagedancer.com (우) ⓒ에스콰이어홈페이지 p233 ⓒhttp://www.italianshoes.com p234 ⓒwww.winthropshoes.com p235 (상) ⓒsteemit.com (하) ⓒwww.fashionbeans.com p236 ⓒwww.shoepassion.com p237 ⓒ아마존 p238 ⓒ아마존

20. 위장 Camouflage
p240 (상) ⓒ위키미디어커먼 (하) ⓒ위키미디어커먼스 p241 (상) ⓒ아마존홈페이지 (하) ⓒ위키미디어커먼스 p242 ⓒ위키미디어커먼스 p243 ① ⓒ아마존홈페이지 ② ③ ⓒretrohiphopshop.com ④ ⓒwww.rap-up.com p244 ⓒ베이프홈페이지 p245 ⓒ보그홈페이지 p246 ⓒ발렌티노홈페이지 p247 ⓒwww.wired.com p248 ⓒwww.thefashionisto.com p249 ⓒhttp://www.starstyle.com/ p250 ⓒhttp://www.theconfuseddasher.com/ p251 (상중) ⓒwww.whowhatwear.com (하) ⓒIMDb p252 ⓒ보그홈페이지

21. 힙 플라스크 Hip Flask
p254 ⓒIMDb p255 ⓒCJ엔터테인먼트 p256 ⓒCJ엔터테인먼트 p258 ① ⓒcollection.maas.museum ② ⓒworthpoint.com p259 ⓒIMDb p260 ⓒIMDb p261 ⓒ프리픽

22. 정글 모 Jungle Hat
p263 ⓒ유용원의군사세계 p264 (상) ⓒ미역사유산센터 (하) ⓒ327infantry.org p265 ⓒ미육군군사연구소 p266 (상) ⓒ미역사유산센터 (하) ⓒofficialgazette.gov.ph p267 ⓒ미역사유산센터 p268 (좌) ⓒolive-drab.com (우) ⓒolive-drab.com p269 ⓒU.S.CoastGuard p270 ⓒ호주전쟁기념관 p271 ⓒdbs.bh.org.il p273 ⓒ미국립문서기록관리청

23. 레드 코트 Red Coat
p275 ⓒIMDb p277 ⓒartuk.org p278 (상) ⓒweaponsandwarfare.com (하) ⓒ미국회도서관 p279 ⓒ에딘버러국립전쟁박물관 p280 ⓒhistoryextra.com p281 ⓒBritannica.com p282 (상) ⓒarchive.org, ⓒwww.historic-uk.com (하) ⓒ영국왕립문서기록관리청 p284 ⓒ포트레녹스박물관 p285 ⓒwww.belfastlive.co.uk p286 (상) ⓒ야후제1차세계대전특집 (하) ⓒ영국왕립문서기록관리청 p287 (상) ⓒ영국왕립문서기록관리청 (하) ⓒ유튜브 p288 (상) ⓒBBC.com (하) ⓒwww.dailymail.co.uk p289 (상) ⓒmodmedia.blog.gov.uk (하) ⓒqbp.army.mod.uk p290 ⓒqbp.army.mod.uk p291 ⓒTheGuardian.com

24. 겨울 털모자 Winter Pile Cap
p293 http://www.historynet.com/man-saved-korea.htm p294 (상) https://olive-drab.com/od_soldiers_clothing_combat_ww2_caps_field.php (하) 이베이 p295 ① Olive-Drab.com ② 미 육군 홈페이지 ③④ 미 육군군사연구소 p296 http://www.bob-west.com/WAW.html p297 ① https://zi.media/@yidianzixun/post/aW2hEY ② http://hk.crntt.com/crn-webapp/touch/detail.jsp?coluid=7&kindid=0&docid=104188341 ③ https://kuaibao.qq.com/s/20180623AO JC4400?refer=spider ④ http://hk.crntt.com/crn-webapp/touch/detail.jsp?coluid=7&kindid=0&docid=104188341 p298 https://www.iwm.org.uk/collections/item/object/30101108 p299 https://cityroom.blogs.nytimes.com/2015/02/20/new-york-today-the-lunar-new-year-in-pictures/ p300 ① http://www.aboutww2militaria.com/soviet-m40-winter-hat-ushanka-1940-year-dated-by-samoilova-factory.html ②https://enemymilitaria.com/product-category/headgear/caps-and-hats/ p301 (상) https://www.ibiblio.org/hyperwar/Germany/HB/HB-9.html (하) https://www.emedals.com/an-m43-luftwaffe-nco-s-field-cap p302 (좌) 이베이 (우) 아마존 p303 (상) 미 육군군사연구소 "제2차 세계대전 화보" (하) https://www.the-saleroom.com/en-us/auction-catalogues/hermann-historica-ohg/catalogue-id-p301 p305 @오마이뉴스, @조선일보

25. 군용 양말, 모 양말 Military Wool Socks
p309 ⓒuso.org p310 ⓒrferl.org p311 ⓒtheatlantic.com p312 ⓒmilitaryclothing.com p313 필자 제공 p315 (상) ⓒ아마존 (하) ⓒ피츠 p316 ⓒbluemaize.net p317 ⓒarmytimes.com

---

* 이책에 사용된 사진 자료의 출처는 위와 같습니다.
저작권자가 확인되지 않은 사진에 대해서는 추후 저작권자가 확인되는 대로 정식 허가 절차를 진행하겠습니다.

전쟁 그리고 패션 Ⅱ
메디치 컬러의 용병들

초판 인쇄 _ 2021년 3월 24일
초판 발행 _ 2021년 3월 24일

지은이 _ 남보람
펴낸이 _ 김지영
디자인 _ 캣치 크리에이티브 솔루션
인쇄 _ 금성C&P

펴낸곳 _ 와이즈플랜
등록번호 _ 제2015-000293호
등록일자 _ 2015년 9월 11일
주소 _ 서울시 마포구 양화로 64 서교제일빌딩 8층
전화 _ 02-338-8566
팩스 _ 02-6455-8567
이메일 _ ysplan8566@gmail.com

ISBN _ 979-11-956268-4-7